U0685704

经济学的进化

[美] 约瑟夫·熊彼特（Joseph Schumpeter）___著

刘霈　魏媛___译

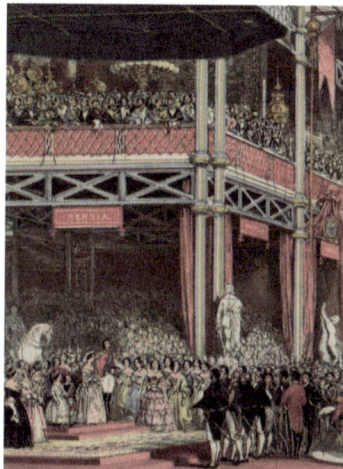

Ten Great Economists From Marx To Keynes

地震出版社
Seismological Press

图书在版编目（CIP）数据

经济学的进化 /（美）约瑟夫·熊彼特
(Joseph Schumpeter) 著；刘霈，魏媛译 . -- 北京：地震出
版社，2021.6
书名原文：Ten Great Economists From Marx To
Keynes
ISBN 978-7-5028-5193-4

Ⅰ . ①经… Ⅱ . ①约… ②刘… ③魏… Ⅲ . ①经济史—世界
—文集 Ⅳ . ① F119-53
中国版本图书馆 CIP 数据核字（2020）第 053408 号

地震版　XM4620/F（5913）

经济学的进化

［美］约瑟夫·熊彼特　　　著

刘霈　魏媛　译
责任编辑：王亚明
责任校对：李肖寅

出版发行：**地震出版社**
　　　　　北京市海淀区民族大学南路 9 号　　　　　邮编：100081
　　　　　发行部：68423031　　68467991　　　　传真：68467991
　　　　　总编室：68462709　　68423029　　　　传真：68455221
　　　　　证券图书事业部：68426052
　　　　　http: //seismologicalpress.com
　　　　　E-mail：zqbj68426052@ 163. com
经销：全国各地新华书店
印刷：北京彩虹伟业印刷有限公司

版（印）次：2021 年 6 月第一版　　2021 年 6 月第一次印刷
开本：710×960　1/16
字数：206 千字
印张：14
书号：ISBN 978-7-5028-5193-4
定价：58.00 元
版权所有　翻印必究
（图书出现印装问题，本社负责调换）

序　言
Preface

　　这本书所收录的都是写作于1910—1950年间的文章，其中有关瓦尔拉斯、庞巴维克、门格尔的三篇是用德文写的，其余各篇是用英文写的。这些文章都曾经在杂志上刊载过——有的是为了纪念某些重要的事件，有的是为了纪念某位去世的经济学家，比如纪念马歇尔的《经济学原理》发表50周年，纪念帕累托100周年诞辰等。熊彼特认为这些文章是为了纪念而仓促写成的，没有刊集成书的价值。但为了方便人们得到这些资料，1950年1月，也就是熊彼特去世前几个月，他还是同意把这些文章交付出版社整理出版。

　　由熊彼特来写这些文章无疑是适合的，因为他和这些文章的主人公大多有着各种联系，有的是工作上的联系，有的是熟悉的朋友，其中还有几位与熊彼特结下了深厚的情谊。在《经济发展理论》一书中，熊彼特试图提出"关于经济变化的纯经济理论，也就是说，这种变化不仅仅是建立在推动经济体系发展的基础上的，而且是从一种均衡过渡到另一种均衡的外部因素"。这一点无疑是重要的，因为熊彼特与同时代及过去的经济学家的一个重要区别就在于对经济发展过程的看法，即这种过程是否是由这个经济制度本身所引起的。

熊彼特认为经济学是一门要借助于长远眼光和技术进步的学科。因此，他推崇马克思关于经济过程的见解，同时推崇与他仅有一面之缘的瓦尔拉斯的纯经济理论。就像熊彼特在《经济分析史》里所说的那样："经济学就好像是一辆巨大的公共汽车，它一路搭载着许多兴趣和能力各不相同的乘客。如果只谈纯经济理论，那么我认为瓦尔拉斯是最伟大的经济学家。他的经济均衡体系完美地把革命的创造性和古典的综合性融合在了一起，这是非常了不起的成就。"马克思与瓦尔拉斯的区别就是，前者试图给出经济变化的逻辑解释，后者则给了我们一个"理论工具"。

总体来说，熊彼特对经济学的看法是：对历史的和纯理论性的东西、计量经济学和海量的调查资料、社会学以及统计学等持肯定态度，因为这些是有益的工具资料。

熊彼特在维也纳求学期间与门格尔、庞巴维克和维塞尔相识。那时门格尔已从大学退休，熊彼特只见过他一两次，但是书中记载的一些事是翔实可靠的。熊彼特积极参与了维塞尔和庞巴维克的研讨班，还和庞巴维克就利息率的问题展开了一次著名的论战。在1921年庆祝维塞尔诞辰七十周年时，他是三位发言者之一。

熊彼特虽然很看重奥地利学派，但是无法完全算作该学派的一员。实际上，他对提出边际效用价值理论的洛桑学派更感兴趣，这个学派源于瓦尔拉斯的著作，创始人是帕累托。帕累托是瓦尔拉斯的学生，后来又接替瓦尔拉斯在洛桑大学担任了政治经济学教授。他们的学术影响被低估了，因为一些英国和美国的经济学家认为他们的著作过分"数学化"和"理论化"。即便如此，洛桑学派在早期还是有了两位一流的美国信徒——欧文·费雪和穆尔。这本书共有9篇文章，其中3篇是关于瓦尔拉斯、帕累托和费雪的。在关于帕累托的文章中，熊彼特提到了他们的一次聚会，会上大家谈到了许多经济学家，当时帕累托对欧文·费雪赞赏有加。熊彼特后来回忆说："我听到帕累托高度评价费雪的《资本和收入的本质》时，确实有点意外。"

熊彼特在维也纳获得学位后，前往英国生活了几个月。在英国期间，他拜访了几位著名经济学家，其中就包括大名鼎鼎的马歇尔。1933年12月，熊彼特给《经济学杂志》写了一篇关于凯恩斯传记文集《精英的聚会》的书评，他在注释中描述了这次拜访。在评价凯恩斯写作的关于马歇尔的文章时，他写道："1907年的一天，我吃早餐时隔着餐桌看到了马歇尔，我告诉他：'教授，在我们谈了关于我的一些新的经济学想法之后，我感觉自己就像是一个正打算匆忙走入一段不明智婚姻的莽撞青年，而您就像一位慈祥的老者，正想办法劝我放弃。'他（马歇尔）回答道：'情况确实是这样的，如果它要是可行的话，老人的劝诫就没有用了。'"

熊彼特与陶西格、费雪、米切尔等几位美国经济学家相识较晚。1913—1914年，熊彼特作为交流学者前往美国哥伦比亚大学，他们应该是从这时正式认识的。在此之前，熊彼特曾阅读过他们的著作，还和陶西格通过信。那是在1912年11月，陶西格在剑桥写了一封信给他，在这封信中，陶西格说："我对于你的理论和论证没有什么异议，只是觉得这些观点还可以更实际一些。"陶西格还在信中附上了若干供给图表，并说道："我近期在做一项工作，那就是把运用于资本、土地的论证运用于劳动力，并试着发展一种'租赁'劳动理论，尽管到目前为止还只有一个大纲。这是一项非常困难的工作，我的朋友J.B.克拉克进行过这种论证，后来欧文·费雪也做了更细致的论证，但是至今也没有取得让人信服的成果。我并不是自大到认为只有自己才能得出这个结论，但我确实希望能在这个问题上有所贡献。"

熊彼特很钦佩欧文·费雪和韦斯利·克莱尔·米切尔，也跟他们成了朋友。他和费雪共同创办了计量经济学会，并曾经到费雪位于纽黑文的朴素的家中做客。他发现费雪家中没有烟、酒，甚至连肉都没有，咖啡是为这位"奢侈的"客人特别准备的。本书中纪念韦斯利·克莱尔·米切尔逝世的文章完成于熊彼特逝世前的一个星期。米切尔和熊彼特都在研究商业循环，他们的学术观点很相近。为了研究和分析商业循环的现象，熊彼特做了大量的资料收集工作，过程中几乎没有获得来自他人的帮助。他的工作方式一向如此，但是他对那些能够明智地利用国家经济部门有关资料的人也十分赞赏。

　　熊彼特与凯恩斯的关系有点微妙，虽然双方都曾经在很长的时间里担任《经济学杂志》的编辑，但直到1927年他们才见了面。由于一些很难解释的原因，他们两人的关系无论从个人角度还是从学科角度来说，都不算亲近。

　　就像哈伯勒早前在《经济学季刊》中所指出的那样，熊彼特的文章特别晦涩难懂，这可能是因为这些文章是用德文写作的。哈伯勒说："他的文字书面感很重，这种风格恰好能表现他的复杂的思想结构，所以我们在熊彼特的书中总能看到大量的长句子、大量的修饰短语、对修饰语的再修饰以及对含义差别的详细论述。"熊彼特本人对这一点也是清楚的。关于庞巴维克的那篇文章集中地体现了这种情况，熊彼特曾说过那篇文章太冗长，应加以删改，否则很可能会影响读者的阅读。

　　本书中所收录的关于庞巴维克的文章已经进行了大幅删减，差不多少了一半的内容。这项工作是由哈伯勒和文章的译者赫伯特·查森豪斯教授等一起做的。在这里，我要表达我对哈伯勒教授以及三位译者的感激之情，感谢他们热心和慷慨的帮助。此外，我还要感谢保罗·斯威齐，他和我一起审阅了全书，帮我做了很多润色和澄清含义的工作。

伊丽莎白·布迪·熊彼特
1951年2月2日

目　录
CONTENTS

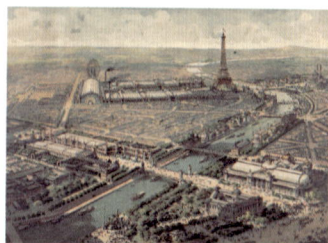

第一章

马利·爱斯普利·里昂·瓦尔拉斯

（1834—1910）

　　如今，回顾这位学者的生平时，我们对他毫无怨言地献身于一项任务所表现出的伟大精神感到震惊。他的学说包含的内在逻辑、不可规避性和力量给我们留下了极为深刻的印象。他在纯粹经济学方面的独特沉思形成了学说的主要内容，没有任何别的东西能干扰整个学说的统一性，而且在其学说中，也没有其他重要成分，只有这种独特的沉思影响着我们。他一生的著作，由于其沉甸甸的分量，给我们留下了极深的印象。

　　首先来简单回顾一下他的生平。我们可以从瓦尔拉斯[1]的自传中获得关于他那具有历史性的科学学说的框架材料。1834年12月16日，瓦尔拉斯出生在埃夫勒的厄尔，从他的学习过程中，我们了解到这位思想家不适宜研究实际问题：如同一个学子为准备技术学校考试而学习笛卡儿和牛顿的学说那样，我们完全可以预见到他的失败。就像有钻研思想的人所经历过的那样，他不想踏上人们已经走过的道路。他曾在矿业学校求学，成绩并不突出，然后他尝试从事新闻学，并为各种企业撰稿，但这些企业又都缺乏成功的特质。这些事对我们来说是很重要的，因为他在1859年发表的第一篇著作里，就企图驳斥蒲鲁东[2]的基本概念。他坚信经济理论可以用数学方式来论述。从那时起，他知道了自己需要的是什么东西，并为此全力以赴。这便是他对理论而非实际问题研究的起点。虽然当时他并不知道自己能在这条道路上走多远，但能够感到有一股力量在推动他沿着这个方向前进。而且那时他缺乏必要的环境与空余时间，这一点也在他的自传里有所体现：他虽然苛刻地讽刺了法

1　里昂·瓦尔拉斯（Léon Walras，1834—1910），法国经济学家，曾经被约瑟夫·熊彼特认为是"所有经济学家当中最伟大的一位"。他开创了一般均衡理论，是一位数理经济学家、边际革命领导人、洛桑学派创始人。——译者注

2　皮埃尔-约瑟夫·蒲鲁东（Pierre-Joseph，Proudhon，1809—1865）法国政论家、经济学家、小资产阶级思想家、社会主义者、无政府主义创始人之一。——译者注

国科学界的氛围，但总体而言，他当时并未成功站稳脚跟。

在这个关键时刻，他得到了一个为科学服务的机会。1860年，瓦尔拉斯参加了在洛桑举行的税收会议。会议上对税收的讨论为他发表第二篇文章奠定了基础。两篇文章的连贯性是他之后被任命为新成立的经济学学会主席的主要原因，这一任命对科学界和他本人来说，都具有重要意义。凡是对瓦尔拉斯的作品有很高评价的人，无一不被他自传中的这一部分所深深感动。在这一部分里，他详细地描述了他是如何前往省长官署并获得出国许可，然后又是怎样"从卡昂经过昂热、普瓦提埃、穆兰和里昂，于1870年12月7日到达洛桑"的。抵达洛桑后，他将余生心血都倾注在了工作上。

1892年，瓦尔拉斯卸任。但作为名誉教授，他与洛桑学院仍保持着联系。他在克拉伦斯附近一所小小的公寓里继续工作，于1910年1月5日逝世。

我必须要提到一件事情，即由于人们对瓦尔拉斯著作的忽视，使得他人生的最后30年的时间都被阴影所笼罩。这似乎正符合那个陈旧的话题：在这个世界上，真理和红颜都是薄命的。尤其是当新生事物注重方法而不注重迎合人们的兴趣时，更会遭受冷遇。最后，人们一定会对其感到厌倦而转移视线。瓦尔拉斯的境遇就是这样。我们由此可以知道，一个人获得外界的认可并走向成功是多么艰难。如果我们将这一切都考虑在内，就不会对瓦尔拉斯实际上取得的成就不满了，或许人们会惊讶于他能取得如此大的成就。瓦尔拉斯创立了一个学派，而且这个学派通过马歇尔扩大了影响。长期以来，伦理和政治科学院一直否定他的著作，并对其进行评判。毫不夸张地说，他的著作仍然产生了深远的影响，并且影响力与日俱增。虽然在很长时期内没有人为瓦尔拉斯站出来进行申辩，但他在有生之年仍然感受到了胜利的喜悦。此时，他已不需要为自己的思想辩护，因为他的思想已超越了科学领域。瓦尔拉斯为此而高兴，但他也不会忘记自己的失败和奋斗。他将嘲讽的语句作为自传的结束语，在思想上他一直处于痛苦的状态，因而他的一生充满着悲剧性的彷徨。

1909年春天，他的第一部著作发表50周年的庆祝会就像阴雨过后的彩

虹。他以前从没感觉到的同情和推崇都在这次庆祝会上涌现了。他受到了从来不敢奢望的赏识，这是他一生中最辉煌的时刻。

　　经济均衡理论是瓦尔拉斯的不朽贡献。这个伟大理论以水晶般清澈的思路阐明了纯经济与一个基本原则之间的关系。在洛桑大学为了纪念他而竖立的纪念碑上刻着这几个字：经济均衡。确实，他的基本思想使他得出了许多具有

　　18世纪末的法国虽然是世界科学中心，但经济停滞不前。当时的法国遭受长期的内外战争，雅各宾派的恐怖政治统治使得人民的生活艰苦，科学技术没有转化为生产力，不能为法国创造价值。

实际重要意义的结论。他有关土地国有化的主张比其他人的更能令人信服。在货币政策方面的贡献也极少有人能和他相比，但和他为我们提供的知识相比，这一切就微不足道了。他一生的研究成果可以综合为三卷著作，它们都是这个领域中最好的著作，包含在第一卷第二至第四部分的思想则具有永恒的活力。

瓦尔拉斯从库尔诺的经济理论出发，很快就有了新的发现，他告诉我们：库尔诺的需求曲线反映的是需求量与价格之间的函数关系，只能严格地应用于两种商品之间的交易，对于两种以上商品的交易则只能提供一个近似值。他首先把自己的研究限定在前一种情况下，并以一种精确的方法由一种商品的需求曲线求得了另一种商品的供给曲线，然后在两条曲线的交点处得出了这两种商品的均衡价格。从这些根据调查绘制的市场商品总量的曲线中，他得出了每一个个别的经济单位的需求量和边际效用曲线，并由此奠定了其理论——边际效用理论。这个理论发表于1873年，在随后的若干年中，它又得以继续发展。他的这一理论成果与门格尔和杰文斯[1]的结论的一致性，以及他们在出发点和论证方法上的相异性，引起了世界的注意。这是一种包含在简明定理中的根本性的重要成就。

在不能分割的连续的推理过程中，随着第一个问题的提出，又进一步引出了其他的问题。首先是两种以上商品的交换问题，用科学的公式来反映这个问题所遇到的困难远非一般人所能想象。其次，瓦尔拉斯通过把数量已知的生活资料放在市场中考察而引出了生产问题。为此，他曾孤立地把这个市场看作一个设想中的模拟生产要素市场。一方面，这些生产要素通过企业家利润为零的准则而相互联系；另一方面，在完全竞争和均衡的条件下，生产资料的销售总收入等于生活资料的销售总收入。在进行核算时，一方面，每一个参加商品交易的人要使边际效用最大化；另一方面，所谓的生产系数则

1　威廉姆·斯坦利·杰文斯（William Stanley Jevons，1835—1882），英国著名的经济学家、逻辑学家。他在《政治经济学理论》（1871年）中提出了价值的边际效用理论。杰文斯与奥地利的卡尔·门格尔（1871年）、瑞士的里昂·瓦尔拉斯（1874年）共同开创了经济学思想的新时代。——译者注

以各种特定的方式在变动着。在这种情况下，"成本"与"边际效用"相互作用的理论，以及两者在整个经济发展过程中共同发挥作用的基本原则，使问题得到了快速解决。

瓦尔拉斯通过下述假定提出了资本化问题。他假定：有些生产性劳务的出售者进行储蓄，并把这些储蓄投资在"新的资本货物"上，因为这些货物在市场上有一定的需求量。"新的资本货物"的价格是在它们的劳务的基础上形成的。这种价格又构成了"旧的资本货物"的资本价值基础，解决了资本化问题或一切货物的资本价值问题的由来。也许它在很多方面像早期的利息理论一样有错误的地方，但在其他很多方面，它是很优秀的，我们关注它的目的是和庞巴维克的成就做比较。瓦尔拉斯的利息理论或许是能和李嘉图的利息理论相比拟的最好的理论，它们的相互关系像是建筑物与地基的关系一样。

在瓦尔拉斯的理论体系中，货币理论自产生之初到现在，褒贬不一，然而它如今已成为这一领域中最成熟的理论。在1876年到1899年之间，瓦尔拉斯的大部分作品的主题都是货币理论研究。在《纯粹政治经济学要义》的第一版里，他仍然从"必要的流通量"出发，可是后来他的货币理论是建立在个人对支付手段的需求上的。这种差别是很重要的，人们不可能将整个经济对交换手段的需要简单地类比为人们对面包的需要，但一个人对支付手段的需要和对面包的需求相似。因此，它是可以包括在边际效用递减法则之内的。随后这一原理就被广泛地运用了，并从"流通方程式"发展出来一个很好的货币价格形成理论。但是我们在这里并不打算对它进行具体研究，再说一点就够了，即瓦尔拉斯关于复本位问题的论述是经典的，而且在未来很长时间内都是权威的。

在瓦尔拉斯看来，整个纯粹经济学建立在两个基本假设之上：每个经济单位要使其边际效用达到最大化，每种商品的需求与供给相等。他的一切理论都来自这两个假定。或许埃奇沃斯、巴罗内及其他学者已经补充了他的理论，甚至在个别方面，帕累托等人已经超越了他的理论，但这不妨碍他著

1875年，名流鱼贯进入巴黎歌剧院。19世纪末的巴黎是令所有人都向往的艺术之都。

作的重要意义。所有了解自然科学的起源及其进行方式的人，都会了解这些著作在方法和本质上的伟大成就，瓦尔拉斯的著作就是这种伟大的著作。探索这些现象的精确形式，把这一形式变成另一形式或从这一形式推出另一形式，是自然科学家所做的事情，也是瓦尔拉斯所做的事情，而且瓦尔拉斯是在一个新的领域里从事这项工作的。这项研究没有先例，一切都是从零开始，但他很快就取得了不错的成果。他是个内心强大的人，在开始研究工作时孤立无援，没有任何人的鼓励，在研究的过程中也是困难重重。他的力量来自内心深处，是坚定的信念支撑他走向成功，创造出纯粹经济学理论。他知道，不能期望同时代的数学家和经济学家认可自己的成就，于是只能在没有任何支持的情况下孤军奋战。他是能够创造思想的人，比只能接受别人思想的芸芸众生高明许多。关于这位经济学家我们就介绍到这里，我坚信他的作品迟早会得到认可。

第二章

卡尔·门格尔

（1840—1921）

　　一个理论是否具有决定性意义，或其成立是否以其他附带的论证支持为前提，是衡量它能否成为一个强有力的理论的严格标准。同样地，一个人所取得的成就是否具有伟大的意义，也是衡量一个人事业是否成功的严格标准。门格尔是能够通过工作中所获得的决定性成就来创造科学史的思想家之一，他的名字是与引起整个经济理论界革命的权威性理论联系在一起的。在评价他时，人们想到的也许是他与众不同的、可爱却令人尊敬的性格，也许会列举他的科学成就，也许会赞扬他的诲人不倦和极高的学术造诣，但这一切最终都可归结于他在学术界至高无上的地位。当然，给门格尔写传记的人，将把这一切资料集合起来，描绘出一幅强烈而富有吸引力的图画。这幅图画的意义来自他的一项伟大成就，不需再借助其他细节来增添光彩。

　　在退休之后的20年时间中，门格尔依然孜孜不倦地投身学术研究。在这段时间里他不断探索自己感兴趣的事业，并乐在其中。他的作品是令人赞叹的，门格尔献身科学的品格能够从中得到充分体现，而我们也有充足的时间讨论他毕生从事的、能够被纳入经济科学史的那部分事业。自16世纪以来，由于对现实的怀疑和实际政策的需要，关于经济问题的知识开始发展起来了。借此，货币及经济政策问题超越了领地的界限，引起了人们的广泛讨论。在个体经济和自由贸易的影响下，各种小册子、书籍相继问世。这些小册子和书籍的著者往往更倾向于解决当时的实际经济问题，而非思考基本的问题。18世纪时，出现了一种统一的科学，这一科学具有自己的学派、成果、争论、教科书和专家。这便是经济学形成之初的混沌时代，也就是我们所说的以亚当·斯密为代表的时代。分析和专业化的时期则紧随其后，英国古典学派在这一领域占统治地位。这一领域与我们紧密相关，因为门格尔的成就便形成于此，李嘉图也在这一时期留下了自己独有的烙印。在这个过程

中，一种紧凑严密的学说体系得以发展，它在广泛范围内具有科学性，纯粹
的经济理论由此产生。

　　然而，人们永远也不会清楚，为什么会在成功后面紧跟着彻底的失败。
尽管这一新兴领域的几个思想家仍然在努力发展这一学科，并致力于基础理
论的研究，但这一学科内部的经济学家已经明显陷入僵局，而且来自外部的
普遍不信任、敌意或忽视日益显现。造成这种困境的部分原因是他们所从事
的研究本身具有缺陷，也就是一些方法在应用上具有原始性，对一些理论的
理解具有肤浅性，还有对研究结果的推理具有非严密性。这一切并非不可挽
救，是可以改进的。但没有人进行其改进工作，没有人对这一新的"理论大
厦"的内部结构产生兴趣。除上述原因外，还有一个重要原因，即公众意见
和持反对意见的专家们。新学派太急于解决实际问题，也太急于加入政党和
社会团体之间的争论并试图站在科学有效的一方。这样，其拥护的自由主义
主张失败，也就决定了这个新学派的失败。结果就是，在一些国家，尤其是
德国，产生了忠于哲学和历史传统的趋势，以及与社会理论的对抗。以经济
和社会政策为幌子的传统理论使得新理论面临又一次对抗，通向这一理论内
在结构的道路被封死了，年轻人几乎意识不到它究竟有什么科学依据及可行
性。因此，新理论看上去只不过是模糊历史中的一段插曲，或只是为特定时
期的经济政策所做的尝试。当然，新理论不可能受到所有专家的一致拥护，
各专家也还保留着自己的理论体系，这是必然的。单纯从一些事例来看，新
理论确实取得了有意义的成就，但总体来说这一领域还处于待开发的状态。
在德国，即便是这一学派的代表人物屠能和赫尔曼，也无力改变这种局面。
只有建立在传统的方法论基础上的社会理论才不会丧失活力。

　　伟大的科学总是能够反映不受外力操控的自由意志，对于门格尔来说，
这体现在他毕生对陈旧理论观点的反对上。在没有任何外界刺激和帮助的情
况下，他向已经摇摇欲坠的经济理论大厦发起进攻。推动他前进的力量不是
对经济政策或经济思想史的兴趣，也不是对原有的理论添枝加叶，而是理论
家对于新知识和解决问题的新方法进行探索的天生的求知欲。一般的研究工

奥地利维也纳艺术史博物馆的水彩风格插图，位于玛丽亚特雷莎广场。维也纳艺术史博物馆是一座专为展出典藏设计的宏伟建筑，由哈布斯堡建设而成，第一次世界大战结束之后，奥地利共和国成立，博物馆为国家所有，是全民共享的宝贵财富。

作者最多只是在某一特定的问题上取得部分成就，然而门格尔属于另一类研究工作者，他总是在试图废除现存的科学体系，而去尝试创立全新的理论基石。旧的理论被驳倒了，原因并不是历史学家和社会学家把它束之高阁，也不是经济和社会政策制定者拒绝它的实际结论。事实上，是认为它内部有缺陷的人在它基础之上进行钻研，把它变成了某种新的东西。

向更大范围的群体阐述一个理论的基本原理是很困难的，因为基本原理的最终阐述总会显得有点多此一举，而一般的阐述难免会显得平淡乏味。一个分析家的学术成就不在于他如何熟稔地表述基本原理的内容，而在于知晓如何使这一说明更为丰富，如何从这一说明推理出来和这门科学有关的一切问题。如果你告诉人们机械学的基本原理表现在这种说明里，即假定一个物体不发生任何方向的移动，则这个物体处于均衡状态中，那么作为一个外行人，是很难理解这个理论的用处或明白其知识成就的。因此，当我们说门格尔理论的基本思想是商品的价值取决于人们对其效用的评价时，就应该想到外行人不一定能理解这种阐述的真正价值，甚至连大多数专业经济学家在很多理论问题上也是外行。门格尔理论的评论家们总是说，"根本不会有人完全注意不到主观评论的客观存在"，再没有比通过提出这样微不足道的说法来反对古典经济学家更不公平的事情了。但对此的回答极其简单：人们可以证明几乎每位古典经济学家都试图以这一认识为出发点进行课题研究，由于无法取得进展而不得不放弃努力，因为他们相信，在资本主义经济结构中，主观估价已经失去它类似发动机的作用。就像主观评价本身被诟病一样，依据主观评价建立的需求理论与客观存在的成本相比，被认为是无用的。甚至在今天，门格尔学派的反对者还会经常声称，主观价值理论充其量只能解释固定数量消费品的价格，而不能解释其他任何东西。

因此，重要的不是发现人们以"效用最大化"为出发点购买、出售、生产什么东西，而是去发现与此完全不同的现象，即能发现应用这一简单事实和它在人类需求法则中的根源完全可以解释现代商品经济的所有复杂现象，还要能发现与表面现象不尽相同的方面，即在鲁滨孙时代或没有交换经济的时代，人类需求是推动经济发展的主要力量。得出这一结论有两个前提：第一个是承认价格形成是特定经济特征——不同于一切其他社会的、历史的和技术的特征，另一个是所有特定的经济事件都可在价值结构原则的范围内被理解。从纯经济观点来看，经济制度只是一个从属于价格的制度体系，一切特殊情形不管它们被如何称呼，只不过是这个经常重复的同一过程的特殊事例而已，而且所有特定的经济规律都是由价值结构的规律演绎而来的。在门格尔著作的前言中，我们可以发现他对这种观点的认可。他的主要目的是发现价格形成的法则。一旦门格尔从"需求"和"供给"两个方面成功解决了价格决定问题，并成功地分析了人类的需求及被维塞尔称作"边际效用"的理论之后，经济生活的整个复杂结构立刻变得简单了，而且简单得不可思议。其余需要做的事情只不过是仔细推敲，并对一些复杂的细节进行详尽阐述而已。

门格尔的主要作品中包括一些基本问题的解决方法以及对未来发展的预见，应该与同时代的杰文斯和瓦尔拉斯的见解独到的作品一起被视为现代经济理论的基础。在他的著作中，门格尔沉着、坚定、清晰地阐述了他的观点，精心地组织了每一个词句，向人们展示了价值理论的伟大改革。门格尔的崇拜者常常把他的成就和哥白尼的成就相比较，他的反对者则常常对这一比较嗤之以鼻。现在，人们对这种争议已经能够做出决断。与哥白尼建立在全新理论基础上的科学相比，门格尔在科学方面的改革无论是在精确性方面还是在严谨性方面都稍逊一筹。因此，哥白尼的科学成就显得更伟大，也更有深度。更不必说这样的事实：在他所研究的特定领域内，外行无法对其研究成果做出评价，使得这种研究常常带有神秘色彩。但就质量而言，门格尔的作品完全能与哥白尼的作品相媲美。这就像一位领导小部队作战并赢得了一场并不为人所关注的小战役的指挥官一样，他的那次胜利是可以与拿破仑和亚历山大大帝的某次胜利相提平论的，而这样的比较通常在外行人看来是难以理解的。这种对比常常会造成各种假象，进而招致无谓的争论，但由于对比是确立一个人地位的一种方法，尤其是对于那些非专业人士来说，所以我们在这里不得不将门格尔与其他经济学家进行比较。例如，如果把他和亚当·斯密相比，我们马上会清楚地看到他的成就比这位苏格兰教授的成就局限得多。亚当·斯密对他所处时代的现实需求做出了解释，他的名字是与当时的经济政策紧密联系的。而门格尔的成就是纯科学的，并且作为科学的成就又是纯分析的，他的作品远没有亚当·斯密的作品那样博大精深。但与门格尔的成就相比，亚当·斯密的有些作品缺乏独创性，更准确地说，在基本的科学问题上，他是非常肤浅的。门格尔钻研深入，他完全靠自己发现真理，这是亚当·斯密完全办不到的。

这样一来，李嘉图更可以看成能与门格尔相匹敌的人。两位都是天才的理论家，虽然在理论领域，他们的观点不尽相同。李嘉图丰富的知识和敏锐

奥地利北部的萨尔茨堡，北临阿尔卑斯山，与德国接壤。这里曾是古代凯尔特民族居住点、古罗马贸易中心和交通枢纽，到19世纪后期为奥匈帝国的首都，直至1918年奥地利共和国成立，才定都维也纳。

的见解来自由实践得出的结论及深刻的洞察力，而且他努力做到使这些实践与洞察力来源于最基本的理论。而门格尔的伟大源于其理论的精确性和科学性。从纯科学的角度看，门格尔的地位应该更高一些。对门格尔来说，李嘉图是其理论得以产生的一位先导，这一点是毋庸置疑的。与此同时，门格尔又是李嘉图理论的征服者。

由于门格尔及其学派一经发展就很快被认为是马克思主义理论的唯一重要竞争者，所以我们还有必要将他的理论与马克思的理论做个比较。在此，有一点需要说明：我们不考虑马克思作为社会学家和预言家的事实，只对他的理论框架做出讨论；另外，我们只能将门格尔的作品与马克思作品中相关的部分做比较，在这一部分里，他在创造能力上和取得的成就上，都大大超过了马克思。在纯粹理论领域里，马克思是李嘉图甚至李嘉图的一些追随者的学生，19世纪20年代在英国创立社会主义及准社会主义价值理论的理论家们都可称得上是马克思的老师。门格尔却谈不上是任何人的学生，他的理论有其自身的特点。这里需要澄清的是：没有任何关于经济的社会学或经济发展的社会学能从门格尔的作品中衍生出来。他的作品在经济史和社会阶级斗争方面的贡献是极有限的，但门格尔的作品在价值、价格和分配理论方面的伟大贡献是无人能超越的。

前面曾提到过，门格尔不是任何人的学生。实际上，在他之前已经有一个这方面的先驱——戈森。他深刻认识到了后来由门格尔发展起来的基本思想。门格尔的成功使人们对这位默默无闻的思想家的作品产生了兴趣。当然，除此之外，自经院学派开始，还有许多关于主观价值论的启示，甚至包括建立在它之上的关于价格理论的启示，特别是季诺维什和伊斯纳德的著述，紧随其后的是19世纪初期一些德国理论家的理论。但这一切仍然属于我们在前面提到过的问题的范围。为了从这些启示里了解到更多细微的东西，人们必须通过自己的努力了解其伟大的意义。另外，任何科学成就都应该是在老树枝头发出的"新芽"，否则人们将不知所措，无从下手，这些科学的"新芽"也将会默默凋零，无人问津。然而在科学及人类生活的范围内，总还会有很多独创性存在，门格尔就属于这一类，他的理论完全属于他自己。

凭借自己独创的理论，门格尔得到了人们的广泛肯定，在其理论形成之初就大获成功。在三十岁到四十岁的十年间，他收获了累累硕果。那个少有的思想的巅峰状态，对每一位思想家来说，都是出成果的最佳时期。门格尔出生于1840年2月23日，他的首部著作发表于他31岁那年。这一著作本是在维也纳大学的演讲，他希望通过它取得教学资格。他个人成就的大小，只有当我们知道他的理论产生的背景时，才能真正了解。他把自己的工作看成在荒漠中种下一棵树，那片荒漠长期以来在多方束缚下，没有任何生命的迹象。在当时，为了能找到一部像样的作品，人们不得不回溯到1848年，也就是追溯到桑尼佛次写的第一本正式作为教科书的那部作品。一切拿得出手的东西都是从德国引进的。他在大学任教伊始所接触的人中，几乎没有人能理解他的观点或其开辟的整个领域。后来，他告诉我们，他当时受到的是冷遇。然而，他最后还是向人们证明了自己的成就，并成为一名教授。随着时间的流逝，他还获得了作为科学家的荣耀，但他永远也忘不了最初艰难奋斗的岁月。在德国他始终是被忽视的，当时的社会制度使得经济研究领域处于极度孤立的状态是他遭受冷遇的主要原因。门格尔发现自己面临的是完全缺乏理解的困境，人们对他的敌意日益加深。

任何一个理解科学进步内涵的人都会了解一点：要让人们接受一种新思想，必须首先使这种思想在该研究领域内居于主导地位。门格尔却不知道如何处理这种事情，即使知道，他也缺乏将这种策略付诸实践所需的技巧。然而最终他的理论还是被其反对者接受了，当然首先这完全是他自己的成就。在人类灵魂深处，总是存在某种细微且密切的联系，尽管并不总是显而易见的，且在大多数情况下都不容易察觉，但学术工作者之间的这种联系一方面表现为将一些根深蒂固的思想从传统模式中解放出来，研究出新的更深入的理论，另一方面表现为创造一个学派的能力，即能吸引并说服未来有志于此的学者的能力。以门格尔为例，他对工作的专注是得到人们称颂的最直接原因。虽然他没有再对自己的价值理论做任何阐述，但自己的理论原则影响了整整一代人，使它深入人心。除此之外，他正确地观察到，在德国遭到反对的不仅仅是他自己的理论，还有其他理论。为此，他与那些反对者展开了较量，就是为了给社会问题的理论分析者争取应有的地位。门格尔通过十分细致的工作及系统的阐述，澄清了很多存在于方法论领域的疑团，这一贡献具有永恒的伟大意义。即使在以后，知识理论的发展使门格尔被其他人超越，但也丝毫不会影响这一贡献的价值。将门格尔以后出现的理论成果与门格尔的重要贡献相提并论是不公正的。门格尔在教育方面的思想在当时所产生的影响是无法估量的。它在德国以外没有影响，也不需要有这样的影响。因为在德国以外的大部分地方，它企图树立的观念已经普遍被接受了。对于德国科学的发展而言，它是一个里程碑。

1914年，加夫里洛·普林齐普因刺杀奥匈帝国皇位继承人奥地利大公弗朗茨·斐迪南，在萨拉热窝被捕。这起行刺事件是第一次世界大战的导火索，但战争爆发的根本原因另有玄机——德国等新兴帝国主义国家在第二次工业革命后军事、经济实力大大增强，要求重新瓜分世界，影响到了老牌帝国主义国家的利益，导致帝国主义国家之间的矛盾激化，最终酿成战争。

　　此后，门格尔受到了命运之神的青睐。这种难得的幸运曾一度降临到门格尔学派的许多人身上。他与两位有能力继承他的事业的同事——庞巴维克及维塞尔联手展开工作。这两位同事努力地工作，他们的作品与门格尔的作品直接相关，虽然他们两人也力求在学术方面有自己的建树，但这并未阻碍他们不断回顾、参考门格尔的作品。最终，他们创建了"奥地利学派"，并且凭借其理论的基本立足点在他们所研究的特定科学领域取得了领袖地位。成功最终来临了，但每一次成功都来之不易，会遭遇各种冷嘲热讽。这在科学史上是司空见惯的。即使人们最终会接受某种思想，但这种思想在形成之初总会遭受各方诟病，引起种种争端。这正是曾在意大利发生的事情。另外，主要的英国理论家们也未能幸免于难。然而，在美国及后期的法国，人们对新理论的态度要宽容仁慈得多，斯堪的纳维亚半岛及荷兰的情形也是如此。当态度发生缓和之后，这一新的趋势才在德国作为既成的事实被接受。由此，门格尔目睹了他的学说在科学界引起的争论，然后迎来了全盛时期，看到他的基本思想逐步度过了争论阶段，成为不再有任何争议的科学常识。他本人敏锐地察觉到了这一切——像一位真正的学者那样——虽然偶尔也会因为一位同事所发动的这样或那样小的攻击而发火，但他仍然清晰地意识到他写下了科学史的一页，也意识到他的名字永远不会从科学史上消逝这一事实。

众所周知，古往今来没有任何一项科学成就能够长盛不衰。从某种意义上说，每一个学科都会随着研究的深入而不断完善。门格尔的追随者们，以及在其他领域追随瓦尔拉斯的研究者们已经发展了门格尔的理论。毫无疑问，这种发展还将继续下去，但门格尔的成就是永恒的。他的著作绝不同于那些昙花一现的作品，而会流芳百世。

门格尔的一些观点也许并未深得人心，但有一点是不容忽视的，那就是他给《德国政治学词典》所写的货币理论，以及他在资本理论和货币流通问题上做出的贡献。还有他所从事的导师工作，他在这个职位上的成就已经被年长的人所铭记，并不仅仅局限于专家及对他的理论感兴趣的小团体。我们也要了解到他有广泛的兴趣，但这一切与他的价值和价格理论相比就不算什么了。我认为，这种理论表现出了他的真正人格。

我们纪念的不仅仅是一位思想家，还是一位值得人们爱戴的人，是一位永远值得我们铭记的人。

第三章

艾尔弗雷德·马歇尔

（1842—1924）

一

大约在15年以前，我在伦敦政治经济学院做了一系列讲座，期间表达了我对马歇尔的尊重。有听众写信给我，以提问的方式表达了这样一种意见，大意是说：马歇尔的思想和穆勒或亚当·斯密的思想一样，是过时的。我借用对这个问题的看法来阐明我的观点。

从某种程度上说，马歇尔的经济学已经过时了。他对经济发展过程的看法、研究方法、所得结论早已不再为我们所用。我们可能喜爱并崇拜他强大的理论结构，尽管受到了一些批判主义理论及新思想的强烈抨击，但它仍然体现在我们的作品背景中。我们可以喜欢和欣赏它，就如同我们喜欢和欣赏佩鲁吉诺¹所画的圣母一样，认识到它完美地体现了当时的思想和感情，同时也要认识到它已经距离我们很久远了。

这是50年来所做的研究的必然结果。若不是我们可以用"经典"这个模糊的词语来界定马歇尔的《经济学原理》，那他这些年的努力很可能就付诸东流了。这是各个领域里所有古典学派的共同命运。"只要有可能，小人物也可以写出大作品。"现代经济学理论同《经济学原理》所阐释的理论的关系与现代物理学和19世纪90年代的物理学之间的关系有惊人的相似之处。如果我没记错的话，亨德里克·安东·洛伦兹²在1894年就已经说过，理论物理已经达到完善的地步，因此不会再引起人们的兴趣了，但后来的发展打破了这种论断。在经济学方面也发生了极其相似的事情。我不是指资本主义制度

1　彼得罗·佩鲁吉诺（Pietro Perugino，约1445—1523），意大利画家，擅长画宗教人物，创作过许多优美的壁画。比如，罗马的西斯廷礼拜堂的一些壁画就是他画的。——译者注

2　亨德里克·安东·洛伦兹（Hendrik Antoon Lorentz，1853—1928），荷兰物理学家，曾于1902年获得诺贝尔奖。——译者注

19世纪上半叶，美国海军与英国皇家海军在新斯科舍海岸的古里号甲板上交战。

的兴衰及与其相关的道德和政治态度的转变。我也无意说马歇尔对社会问题及其他类似问题的看法已经过时了，也许他的观点是过时了，但这一点不在本文所要讨论的范围之内。

从另一种意义上说，马歇尔的学说永远不会过时，它的影响将会永远保持下去——不仅因为这种广泛而强大的学说将成为以后若干世代的遗产，还因为它具有一种独特的气质，能够有效地抵抗衰退。马歇尔生活的年代，到处充斥着"进化发展"的口号和呼声。受这种氛围的熏陶，马歇尔是最早认识到经济学是进化的科学的经济学家之一（批评他的人不仅忽视了他的思想中这一因素，还在一些情况之下认为他的经济学忽视进化方面而指责他）。尤其是，他认识到所要研究的人性是有可塑性的和变化的，并且具有改变环

境的能力。但这对于我们来说，仍然无关紧要。问题的关键在于，他把"进化思想"运用到理论工作中，并且大有要一直持续下去的意思。和穆勒不一样，马歇尔从来不会说某个问题就此解决了，不需要他或其他作者再做补充解释。正相反，他充分地认识到，他所建立的基本上都是临时结构，并且总是将注意力集中在自己力不能及的领域。这样，一些新问题、新观念、新方法对于其他著者来说，也许像敌人一样陌生、

英国家庭手工纺织业。英国的工业革命首先出现于手工业最为发达的棉纺织业。传统手工业无法适应机器生产的需要，手工业生产逐渐被机械工业代替，生产力得到突飞猛进的发展。

可憎，对于他来说，却像同盟者一样亲切。在他所修筑的庞大而坚固的营房里，有容纳所有这些"同盟者"的房间，或者说是提前为这些"同盟者"准备好的栖身之所。过去和现在虽然有很多人反对他的理论，但这些反对绝大多数格局不大。有时，反对者会发现（或是别人会替他们发现），马歇尔预见了他们的目标，所以他们的反对毫无意义可言。

二

　　马歇尔的《经济学原理》，是在多年的辛勤工作后产生的。在1890年初次问世时，其就立刻获得了巨大的成功。其原因是显而易见的。这本书的问世就像是一场伟大的演出，它披着最吸引人的外衣出镜，完全迎合了那个时代大众言论的趋势，同时也与当时经济领域的发展状况相契合——事实上，他的观点和天赋都赢得了人们的赞赏。

　　但是如果想要准确地定义这部著作的性质，就没有那么容易了。如果直接指向《经济学原理》所提出的分析工具的核心，则很难做到对它完全公正，因为这个核心周围的各个角落，都笼罩在一种以感染力和凝聚力为历史基础的19世纪英国资本主义经济社会学的氛围中。实际上，马歇尔算不上什么了不起的历史学家，但他确实是一流的经济史学家。他对史实的掌握与他思想中根深蒂固的分析习惯并没有割裂开，而是形成了紧密的结合。具体而言，就是将鲜明的事实归纳总结成原理，再将原理运用到纯粹的历史研究中。当然，这一特点在《产业和贸易》中表现得比在《经济学原理》中更为显著。在《经济学原理》中，即使是在历史概论部分，历史事实也被大量削减了，因此不论对追随者还是批评者来说，这部分都似乎是一种缺失。历史事实虽然被削减，但并未缺失，马歇尔对同时代的商业活动孜孜不倦、感同身受的观察结果也一直存在，很少有经济学家能像他那样了解这些商业活动。正因如此，他后来的成就表现出了很大程度的局限性。与马歇尔同时代的中等规模的英国企业的商业实践活动无疑吸引了这位分析家过多的关注，因为他声称自己的主张是可以被普遍应用于实践的。但在这种限度内，他在现实主义方面所取得的成就大大地超过了亚当·斯密——这是唯一可以进行比较的例子。这可能是他在英国没引起制度学派反对的理由之一。

可以肯定的是，这样的反对曾经在美国出现，这是不难理解的。曾经有一段时期，一个去除了历史背景，被简单化了的马歇尔主义盛行于大学的日常教学工作中，一直持续到当时一些激进的学者对此感到厌烦为止。于是，当人们背弃传统化了的马歇尔主义时，会认为是背弃了真正的马歇尔主义；当人们破除障碍走向经济现实时，又会忽视一个事实——在他们实现这一过程的途中，马歇尔主义曾起到路标的作用。

马歇尔的《经济学原理》的分析核心在于静态经济理论。但是这一理论的独创性在当时的情况下并没有被淋漓尽致地表现出来，因为对我们来说，它只是当时已经成长起来或正在经历成长过程的一个派系中的一员，而且这一派系的其他成员毫无疑问是与马歇尔学说无关的，是自成体系的。他的工作习惯和发表成果的方式，又使经济思想史学家对他的意见不能给予公正的肯定，希望读者不要对此产生误解。作为马歇尔的学生，凯恩斯先生在为他写的传记中，为其主观创造力提供了令人信服的证据。关于这一问题，马歇尔本人保持了庄严的沉默，只是在感情上表现为：对古典学派，尤其是李嘉图和穆勒，采取谨慎而公正的态度；对门格尔、杰文斯及最伟大的理论家瓦尔拉斯等采取中立的态度。接下来的描述与真实情况十分相似。

从凯恩斯先生的作品中我们可以知道，其实不是求知的好奇心把马歇尔引向经济学家阵营的，而是一种更强大、更仁慈的动机把他从对伦理道德的思索中引向了这个阵营。这一动机也是他所肩负的伟大使命，即减轻英国贫困阶层的苦难。当谈到他要献身于这一领域时，他经常遭到沉浸于当时英国经济思想研究的一位朋友的坚决反对，这是他为什么转向穆勒的《政治经济学原理》寻求启发的原因。在马歇尔的作品中，也有其他迹象表明他投身经济学是从阅读穆勒的作品开始的。1867年，他又吸收了李嘉图的观点。即使我们不知道这一点，也可以很容易地推断出来，因为当时的情形是一个完全受数学教育的大脑求助于两个充满热情和活力的创造者：首先，他震惊于两个创造者，尤其是穆勒对于有说服力的事实证据和明确的结果表现出漫不经心、迷惑不解的样子；其次，他会立即开始突破各种限制，并归纳总结出核心观点。要把穆勒的结构转化为马歇尔的结构，除了上述两点以外，也不需要其他更多的东西了。

当然，这是重要的不容忽视的成就。许多理论物理学家能够永垂不朽的原因正是在于他们在某一方面取得的成就。马歇尔本人承认库尔诺和屠能对他的帮助，确实，这两人对他的深刻影响是显而易见的。其用于局部均衡或部分均衡分析的供求曲线是库尔诺的曲线（当然也不能忘记弗莱明·詹金），而这个数学天才在任何情况下都会自然而然地想起的边际分析法是屠能的分析法。至于边际效用，杰文斯著有《政治经济学的通用数学理论》，这是1862年他在剑桥召开的英国经济学会会议上宣读的文章，这篇文章将这一概念放在"效用系数"之下。瓦尔拉斯的《纯粹政治经济学要义》的两部分分别发表于1874年和1877年，其中的静态模型理论框架比马歇尔在《经济学原理》中所描述的还要完整。但是考虑马歇尔的阅读习惯，当时这位经济学家可能不知道这些著作的上述内容。至于其他在技术上占先的一切著者，他们对于马歇尔的贡献只能是零碎的。

这似乎解释了马歇尔想要将所有经济理论改革者要阐明的观点都归于穆勒和李嘉图的倾向。虽然瓦尔拉斯的热烈推崇者可能会因为《经济学原理》中很少提到瓦尔拉斯而感到不高兴，马歇尔的热烈推崇者则可能因为马歇尔没有表现得更为宽宏大量而感到遗憾，但对于马歇尔在别人对自己帮助的认可程度这一点上，没有人提出任何反对意见。然而，若说马歇尔曾以口头或书面的形式对曾给予他大力帮助，并且始终与他并肩作战的盟友——数学表达感激，是有反对意见的。

如果上述判断是正确的，则不容忽视的是，他的特殊的数学才能对于他在经济理论领域中的成就是有益的，正是数学分析方法的实际运用产生了这

一家纺织厂的大门被破坏。19世纪的英国曾经是世界工厂，依托本土丰富的煤铁资源和最广阔富饶的殖民地市场率先完成第一次工业革命。但在19世纪末20世纪初，英国资本家认为有广大市场，依靠原有技术就可以获得高额利润，不愿意采用新技术，导致英国整体发展相对有些落后。

一成就。如果没有其数学分析方法的运用，很难完成亚当·斯密–李嘉图–穆勒模式向现代研究方法的转变。当然，也有人可能会说，任何一个结果，甚至是对一个相互依存的经济因素体系的总的看法都可以通过非数学的方法来获得，就像我们步行也能走到火车带我们去的任何地方一样。即使我们不考虑这样的事实，即不以数学为核心是无法提供强有力的证据的，尽管在一些简单的情形中不需要采取数学的形式，但我们仍然无法忽视另一个事实，即马歇尔式的分析正是以数学手段为前提条件的。马歇尔总是拒绝承认这一点。他对这位忠实的友军从来没有给予过充分的肯定，他隐藏了帮助他完成伟大使命的工具。

当然，他采取这种态度，是有充分理由的。他不愿意把外行人吓跑了，还有着其他的野心——"让商人读懂"。他担心会树立一个可能引起误解的榜样，即让接受过数学训练的人认为经济学家所需要的仅仅是数学这种工具。这种顾虑当然是可以理解的。或许也有人可能希望，对于在一定程度上受他作品的激励开始信奉和拥护严谨地从事经济学研究的人们，他能够给予更多的鼓励。他似乎没有认识到，"被数学吓跑"这种危险并不限于经济学领域，只不过在其他领域尚无证据表明危险性有这么大。任何一种科学，如果没有信奉者，就没有进步。且不说人类知识的所有分支学科，仅经济学一门学科就永远无法让外行明白。实际上，如果读者完全没有数学方面的基础知识，是无法完全理解马歇尔本人的著作的，那么企图使他们按照马歇尔的想法去思考问题也是没有意义的。如果马歇尔能够坚决地支持这一前进的路线——在开辟这一前进路线方面，马歇尔所做的工作比其他任何人都多——可能会收到更多的好处。

三

任何一个流派的任一成员都有自己的特点，我们无法精确地将马歇尔的学说归入某个学派。

第一，理论家们会惊异地发现结构的简洁性是它的一大特点。如果我们把马歇尔的表现方法和瓦尔拉斯的表现方法进行比较，会发现简洁这个与成功直接相关的特点特别突出。后者的文章显得冗长乏味，前者则文笔流畅、语言凝练，其优美的外表很好地掩盖了所有刻意雕琢的迹象。其原理论述精辟，论证简洁（至少是在附录中）。马歇尔的数学修养锻炼了他的文字叙述能力，使之更为简练、有条理，同时也使他的图解简单得令人喜欢。

以前也有人曾使用几何图示的方法论证经济理论，库尔诺就是其中之一。现在，许多人已经不再使用这种方法了，因为使用比较容易的平面几何图解意味着过分地简化，但它们仍然不失为简便的处理问题（虽然限于那些基础的问题）的方法，它们成功地澄清了许多论点，为不可计数的课堂带来了方便。实际上，我们应该把那些最有用的图示都归功于马歇尔。

第二，《经济学原理》的正文和附录都证明了马歇尔充分掌握了一般均衡的概念。他发现了"一个完整的哥白尼体系，通过这一体系，经济宇宙的一切因素，由于相互抗衡和相互作用而维持在它们的适当地位上"。为了向人们展示这个体系是如何运转的，他铸造并且广泛地使用了一个不同的模型。这一模型虽然容易掌握，但它的应用领域很有限。在大多数情形下，特别是在马歇尔著作的第5章里，他主要考虑"工业"中从事生产经营的中等规模的厂商。就重要性而言，这些厂商还不足以明显地影响经济中其他事物的发展。同样地，他主要考虑个别的商品，这些商品只吸收购买者的开支总额中的一小部分。这种"局部的"或"特殊的"分析有一定的缺点。有很多现象他没有充分说出（也许他本人没有充分认识到这一点），这使人们看不透那些现象，以及认识不到它们被粗心大意的人所利用是多么危险：庇古教授对"小型"工业的过分强调会使马歇尔的追随者感到意外，而其他追随者随便地将马歇尔的供求曲线运用到劳动力这样的商品上。但是如果我们坦白地承认这一方法基本上是一种近似法——并且如果我们不坚持目前对于工业概念的反对——那么，我们就可以尽情地享受它所提供的丰硕果实。正是为了这种果实，马歇尔的理论缺乏严格意义上的精确性，从而提出了一种实际上比他的论述方法更大胆、更新颖的方法。

第三，为了收获这一成果，他设计了每个人都知道的方便使用的工具，如替代、弹性系数、消费者剩余、准地租、内部和外部经济、代表厂商、主要成本和补充成本、长期和短期。这些都是我们的老朋友，并且已经成为我们分析武器库中的常客，以至于我们几乎不能判断出应该把哪些成就归功于它们了。当然，它们或它们所代表的事物，对于我们来说并不都是全新的。即使这些不是全新的东西，从前也没有被正确地定位，实际上是马歇尔使他们第一次成为有用的工具。与老朋友一样，它们偶尔也会表现得不可靠。如代表厂商、外部经济等工具出现于静态领域或个体工业领域中时，它们掩盖而不

19世纪时，蒸汽动力和电力改变了人们的生活，我们可以从图中看到蒸汽机、电报机、火车和蒸汽船，该图绘制于1876年。

是克服了我们所必然遇到的困难。这些工具并不能拯救斜率为负的成本和供给曲线。曾经有人试图运用上述曲线，结果所费的精力足以重建一条曲线。

第四，当我们重新回顾马歇尔在提出局部均衡时所使用过的论据并分析那些便利的工具时，一定会对他的理论思想中的现实主义感到惊奇。局部均衡分析揭示了个别工业和个别厂商的实际问题。当然，它的内容远不止这些，它是商业经济学的一个科学基础。另外，有些工具是直接产生于企业实践的，如主要成本和补充成本；而有些工具，如准地租及内部与外部经济等，非常适用于把握商业形势和系统化地描述商业问题。在以上这些方面，马歇尔的同行没有进行过多类似的尝试，但在其他方面，他们不仅尝试过，还有所建树，甚至在某些方面比马歇尔做得更完善。这样，一般均衡理论的详尽阐述只能是对瓦尔拉斯研究成果的复制，对局部均衡法的概念进行阐述只不过是老调重弹。由一种理论发展出另一种理论，并以后者补充前者，这就完全是马歇尔自己的成就了。

第五，尽管这基本上是马歇尔研究出来的静态理论，但他总是超出这个静态理论的范围来看问题。只要一有机会，他就会补充动态因素，而且他所做的补充已经超过了他所坚持的静态理论需要的程度。这一特点使他沿着研究路线前进时遇到了一些障碍，尤其是在碰到与"时间因素"有关的现象时，总是让人感觉模糊不清。另外，他的某些曲线具有混合特性，后来的分析很快就证明了这一点。他虽然没有攻克这个"堡垒"，可是他把他的"军队"成功地引向这个"堡垒"。这还不是全部。如果我们从静态和动态的区别中进一步发掘出停滞和进化的区别，将会发现更有意义的一点。

马歇尔似乎有些遗憾地容忍着分析工具的静态性质，但他很不喜欢停滞的假定，以致忽视了这种假定在很多情况下的作用。他从进化的角度进行思考——从有机的、不能逆转的角度考虑问题。马歇尔思想中的某些特点既体现在他的定理和概念中，又体现在论述这些定理和概念时所依据的实际观察资料之中。我认为，这些定理和概念背后的进化理论不能令人满意，不应将所有的机制都局限于市场自动扩张的框架下，即由人口和储蓄的增加这两种因素而导致的扩张，这种扩张会导致内部经济和外部经济，而内部经济和外部经济又会导致进一步的扩张。但它仍然是一个进化的理论，是亚当·斯密理论的重要发展，并且远远超越了李嘉图和穆勒在这个问题上所做出的贡献。

四

马歇尔的成就是显著的，但如果不是他的理论的外衣正好迎合了时代需要，他也不会取得如此巨大的成功。马歇尔基本上建造了一个"分析机器"，即一种普遍适用于揭示真理的机器，不是一个具体的真理，而是用来揭示这种具体真理的工具。对于发现有某种作为经济分析一般方法的东西，或者发现就经济学家分析方法的逻辑而论，不管他们是研究国际贸易、失业、利润、货币问题，还是其他任何问题，他们对于手中掌握的某种材料，总是大量运用同一种方法——这一发现不属于马歇尔，并且也不是他那一派经济学家中任何一位的发现。为了使我们相信至少从重农主义时期起，所有合格的经济学家都已经知晓并熟悉这个真理，我们只需看看李嘉图的著作：第一章显然是"揭示具体真理的工具"的蓝图，第二章是对第一章的补充，其他章节仅仅是一系列实现这个蓝图的实验。在马歇尔以前，从来没有经济学家如此充分地掌握这一蓝图的意义，如此大力地去宣传它，并且按照它去办事。

19世纪三四十年代机器制造业机械化的实现为英国工业革命基本完成的标志。它使英国社会结构和生产关系发生重大改变，生产力水平迅速提高，推动了法、美、德等国的技术革新，影响广泛。

　　如今，在一个对经济理论的性质和作用持相同观点的人身上，人们期待的可能是与《经济学原理》完全不同的论著，它可能永远不会受到如此普遍的欢迎。我们已经发现了《经济学原理》比其他论著更幸运的原因：几乎每一页文字都能展现出马歇尔的历史哲学修养——他的分析"嵌入"了一种能够博得外行人好感的华美外衣，令人感到舒服。这种分析不会裸露在人们面前，它是有血有肉的，马歇尔对商业事务的观察很容易将其"装配"起来。所有这些说明马歇尔所做的并不只是简单的、符合人们口味的阐述，而是不可被其他经济理论替代的学说。

　　但是还不止于此。马歇尔可以自由地工作，不必经常考虑或指出他所研究的知识的实用价值；他甚至可以大胆地忽略实际应用的任何可能性——这也是他如此成功的原因之一。经济学家不仅要为那些难以解决的问题绞尽脑汁，还要不断为由于迫切要求直接"有用的"结果而多方考虑，如出于解决当下问题的考虑，或出于人类生存处境改善的考虑。与物理学家不同的是，为了对付当前的麻烦，也为了人类处境的改善，马歇尔不允许别人说所有成功的生产都是迂回生产，也不允许别人说即使是实用结果也是通过不以它为"有用"目标而获得的。但马歇尔对于激励这些要求的信条并不感到反感。实际上，他完全赞成这一信条。"为艺术而艺术"在他高尚的精神中是毫无地位的。为他的国家和时代服务，以及教给人们立即就能用得上的东西，正是他本人最乐意做的事情。他不反对那些有关人生价值中的一些朴素的道理，也喜欢宣扬有关高尚生活的信条。

　　此外，他对贵族生活的观念、对社会问题的看法，以及对公共和私人领域的见解，碰巧与他的国家和时代的观念、看法和见解相吻合。更确切地说，他的理想和信念不是1890年时一般英国人的理想和信念，而是1890年时一般英国知识分子的理想和信念；他接受身边的制度，尤其是私有企业和家庭制度，毫不怀疑它们的生命力以及在其周围发展起来的文化生命力；他接受当时流行的功利化的、否神学化的基督教信仰。他心安理得地举着正义的旗帜，毫不怀疑曾经遭受打击的折中主义如今的有效性。这样，他给予读者的东西正是他们所渴望的东西——他的话既高尚又令人鼓舞——同时还不违背自己的良心。

我们可以怀疑一部科学论著中是否应该涉及信仰问题——虽然在这方面马歇尔和牛顿的情况是相同的[1]。我就是怀有这种疑问的一个人，而且我们可能都不赞同其中的某些特定信息。我承认我只反感维多利亚中期的道德说教，它带有边沁[2]主义味道，是没有魅力、没有感情的中产阶级价值观。但它改变不了这样一个事实：绝大多数马歇尔的读者有着不同的感情倾向，他们喜欢在他们看来唯一正确而高尚的精神分析法。

五

在马歇尔的著作中，有一种比他实际完成的任何研究更伟大的东西，它蕴涵着不朽的生命力。他的天赋所创造的那些著作都流传下来，供我们学习，给我们的工作提供了便利。除此之外，在《经济学原理》中还有关于继续前进的微妙的建议或指导，以及我在开始时曾经努力加以证明的领袖气质的表现。列举一些马歇尔为后人提供便利的例子是很容易的，要说明其领导者品质则相对困难。

第一，如此重要的研究成果指引了它所教育的一代人的研究工作，这是很自然的事。因此，1890年以后30年间的经济学文献，充满了对马歇尔的主张和方法的重申、发展和推论。马歇尔的学生和继承人庇古教授的著作，罗伯逊、拉文顿、肖夫及其他许多人的著作，提供了无数我们大家都很熟悉的

1　在这两位伟人之间有一种神奇的相似之处，令我感到惊奇，但一直不知道这种相似是来自于他们相似的时代背景还是纯粹出于偶然。这种相似一方面表现为他们学术界的泰斗地位，都坚定自身的信仰，以及对批评敏感；另一方面表现为他们都不愿将自己的作品全部发表。在晚年，他们对于自己已经取得的成就都刻意表现出轻视。

2　杰里米·边沁（Jeremy Bentham，1748—1832），英国法理学家、功利主义哲学家、经济学家和社会改革者。他是一个政治上的激进分子，也是英国法律改革运动的先驱和领袖，并以功利主义哲学的创立者、动物权利的宣扬者及自然权利的反对者的身份闻名于世。——译者注

在工业革命中，机器大工业逐渐代替了手工业生产，虽然劳动生产力水平大幅度提高，但环境遭到了严重的破坏，人民的生命安全受到了威胁，大气污染、工业废水排放问题最为严重。

实例，甚至埃奇沃斯的一部分贡献也属于这个范畴。理论方面举一个例子就够了，技术方面也同样。马歇尔首次证明，完全竞争并不能总使产量达到最大限度。据我所知，这个说法就像是一个古老城池的第一个裂口，它产生了这样一个命题：通过限制利润递减的行业和扩大利润递增的行业，产量可能会超过竞争的最大极限。庇古、卡恩和另外一些人，根据这种提示继续进行研究，最终开创了具有重大意义和价值的新领域。

另外，需求弹性的概念不一定像人们赞扬的那么有价值，只是由此产生了大家都认为方便运用弹性来进行推理的方式。现在可供使用的弹性概念有很多，其中替代弹性列于首要位置。尽管它只在极为有限的假定中行得通，还不实用，但有助于解决那些曾经引起极不必要争议的问题——例如，机器应用到生产过程中究竟会不会损害工人的利益这一问题。"替代"这一概念在马歇尔的学说体系中是基础性的。对"替代原理"的强调，几乎可以看作马歇尔理论和瓦尔拉斯理论之间的主要区别。这一新的分析工具所需要的资料完全可以在《经济学原理》中找到，只要把这些资料组合在一起就行了。

第二，虽然马歇尔对长期和短期概念的区分并没有很好地表达出他原本想要表达的意思，但这种区分极大地推动了清晰、现实的思维的发展，并且完全有资格获得它所受到的重视。马歇尔自己广泛地应用它，并且通过它给我们上了一课，而我们从中受益：一个完整的经济学分支以缓慢增长的方式发展起来了，这就是短期分析法。

第三，马歇尔显然是另一个较晚出现的经济思想体系，即不完全竞争理论的创始人。我认为这一点不会引起什么争议，但是这一点在英国式的不完全竞争理论方面表现得特别明显。皮埃罗·斯拉法在1926年发表的著名论文中向英国读者提出的概念，是从马歇尔成本递减曲线与逻辑难题的斗争中提炼出来的。这在《生产成本和生产数量》里更为明显，而且在《经济学原理》中还有正面的建议，特别是关于个别厂商特殊市场的注解。

我承认，有一点也不是绝对不可辩驳的，那就是我将以马歇尔的名义提出的第四点主张。我曾经说过，虽然他掌握了一般均衡的分析方法，但把它放在了不重要的位置上，把使用起来比较方便的局部分析法放在了突出位置上。然而，他对于整个经济过程进行了广泛的概括。如果这些概括既不是局部分析，又不是全面分析，那么它们的性质是什么呢？我认为我们必须认识到另一种理论——在我自己的研究里称它为"综合法"。当然，他没有将这种总量的论述与货币联系起来。他在这一点上的失败可能是我要对他提出的唯一的批评。诚然，他在货币理论方面是有很多很重要的发现——由于本文是对《经济学原理》的评论，所以在这里对此不做赘述。实际上，如果一个人从局部分析出发，然后希望对经济过程整体做一些论述，在对不便于使用的一般均衡的分析方法失去信心时，就应该自然而然地转向综合法。用罗宾逊夫人的话来说：难道货币理论不能像总产出理论和就业理论那样自动发挥作用吗?

第五,我曾经指出,马歇尔明确地坚持一个经济发展理论,虽然按照习惯他没有尽力引起读者的注意,但这一理论占据着他思想的中心。不要怀疑我多么赞同这个理论,但是我必须强调,它不是作为一种哲学,而是作为一个研究工具而存在的,而且它所产生的影响比我们大多数人能够意识到的要大得多。H.L.穆尔的趋势价值,只有在这一理论的基础上才可以认为和均衡价值相近。W.M.皮尔逊在其中发现了论述趋势的理论,类似于他在《哈佛——晴雨表丛书》中所做的有关趋势的论述。然而这显然引出了最重要的部分。

第六,马歇尔的影响是促使现代计量经济学出现的最有力因素之一。《经济学原理》和《国富论》有很多相似之处,但如果不考虑两者出版的年代,并将两者归入主观的、受时间限制的成就中,按照同一标准来衡量的话,则有一点前者肯定比后者优越。亚当·斯密聪明地汇集并发展了他本人的思想和前代的思想中所有他认为最有价值的内容。但对于他所接触的范围内最重要的成就之一,即17世纪的"政治算术",他没有做出任何发展。可是马歇尔坚决地把研究引向不仅是数量的而且是数目的经济科学,并为其准备了条件。在这一方面,对其重要性的评价是不会过高的——经济学在得出结果之前永远不会获得也不应获得声望。

马歇尔对这一点的认识程度可以从他的《新老经济学家》(1897年)这篇演说里看出来。但我们所应当感谢他的远不只是一个方案,我们应当因为他的确定研究方法而感谢他。要使自己相信这一点,我们唯一需要做的就是看一看我所描述的他的"方便的工具"。所有这些工具,显然在统计意义上是可以运用的。我们只需要尝试利用统计资料构造厂商模型、家庭模型、市场模型,就会在此过程中发现用这些工具所要解决的问题。尽管如此,这些方法的确是有用的,但在认识到下述情况之前,我们不能给予它们充分的估价:不管它们可能是什么东西,它们首先是计量的方法——用于数字计量的工具,也是一般统计计量的一部分。它们可能不是最好的工具,也不是唯一

1886年，英国伦敦证券交易所是欧洲第一大、世界第四大证券交易所，它作为世界上国际化的金融中心，不仅是欧洲债券及外汇交易领域的全球领先者，还受理超过三分之二的国际股票承销业务。

的工具，但它们在同类工具中是最先出现的，在经济学方面的努力几乎无法利用其他工具开始。

例如，那些研究很大程度上首先指向统计需求曲线的衍生物，而马歇尔的需求理论提供了可接受的基础，这显然不是巧合。如果他没有打算研究出一种至少在很多情况下可以用在统计上的近似方法，那么强加上那些使我们能解释的弹性或需求曲线本身的限定，就会毫无意义了。实际上，只要我们从这一观点出发来看曾经引起许多反对意见的那些限制，它们就会变得完全可以理解了。拿消费者的地租概念来说，诚然，这个概念与上述限定确实没有联系，如果它不是意味着导向用统计来估价数量化的福利，为什么马歇尔不愿意提及"盈余"这个多变量函数的存在，而一定要像此前迪皮特所做的那样，坚持把自变量的数量削减到两个呢？当然，同样的论证也可以用在他的成本和供给函数上，另外还可以解释他为什么坚持使用那些在理论家看来不可取的长期工业供给曲线，并解释出了相当一部分对更恰当、更普遍的模型来说是未知的可能性。

马歇尔在货币理论领域中所取得的成果也可以用来解释一种现象：在他的著作中到处可以找到能够有效掌握统计资料的理论工具，这种见解实际上是他的一切作品所具有的最突出的特点。毫无疑问，庞巴维克的推理是定量的，但他似乎从来没有考虑过统计计量这一可能性，他也从来没有努力让自己的理论朝着这一方向发展。至于瓦尔拉斯的体系，虽然不像很多人认为的那样破绽百出，却存在着难以克服的困难。只有马歇尔的学说鼓励我们前进，但也告诫我们应谨慎前行。我们可以根据他的教导开展工作，无论是极力推进还是谨慎前行，他都是我们伟大的导师。

我们正站在一个山谷的边缘上，妄想从中找出一条平坦的、并不崎岖的大路，但不幸全都失败了。每当我们回头看时，我们都能看见马歇尔庄严、安稳地坐在他的信仰的城堡中，谆谆教导我们，述说着对我们大有裨益的教诲。其中，最值得我们深思的莫过于："我越学习经济学，越觉得我对它的了解太少……在大约半个世纪后的今天，我更能感觉到自己对这个领域的无知。"的确，他是一位伟大的经济学家。

第四章

维弗雷多·帕累托

（1848—1923）

布斯凯教授在他关于帕累托的生平和著作的书中[1]，引用了社会主义者的《前进》日报在帕累托逝世时刊载的一篇悼念文章中的词句，把他描述为"资产阶级的卡尔·马克思"。我不知道把他这样的人称为"资产阶级"是否恰当，因为他从来不放弃任何机会对无知和怯懦的资产阶级表示蔑视。但在其他方面，这一类比准确地表达出了帕累托给他的同胞留下的印象：他们实际上已经把他摆在了凌驾于同时代其他经济学家和社会学家之上的显著位置。他在其他国家没有受到如此推崇，在英国和美国，一直到今天，人们对他这个人及其思想仍然是陌生的。诚然，当他的社会学著作被翻译之后，帕累托的学说也曾经风行一时。但由于不符合时代发展潮流，这一风潮很快就消失了。但就纯粹理论家这个小圈子来说，帕累托在20世纪20年代和30年代，即在鲍莱教授的《经济学的数学基础》发表之后，对英美经济学者产生过一定的影响。在这两个国家，在帕累托所擅长的方面，马歇尔和后马歇尔主义的经济学家做了足够多的工作，甚至抢在其他思潮夺走帕累托已经占领的阵地之前，阻止了他占领更多的阵地。

理论经济学的若干重要发展现在看来都起源于帕累托。这可能令人感到惊讶，但也不难解释。帕累托是法国和意大利文明的产物，而这种文明和英美的思潮相去甚远。在法、意文明范围内，他的突出形象几乎是无与伦比

1　参见G.H.布斯凯的《维弗雷多·帕累托的生平和著作》（载于《现代史研究、史料与考证汇编》，巴黎1928年版）。除了关于帕累托著作的数学部分外，我特别推荐这本著作。因为这是一位经济学家和社会学家慷慨而热情的写作，同时又尽量避免了门生或传记撰写人的那种专门反映光荣事迹的心情。布斯凯还著有《帕累托以来的社会学概论》，并为帕累托的《社会主义体系》和《政治经济学手册》两书撰写了序言，于1928年用英文写了一篇题为《维弗雷多·帕累托的著作》的短篇评论。此外，在《论经济思想的发展》一文中，布斯凯也为帕累托保留了崇高的地位。在其他纪念评论文章中，提一提所谓的官方评论就够了，那就是阿方索·德·皮特里·图奈利教授在意大利科学发展协会经济组上的演讲（发表于1934年11月、12月及1935年1月的《政治经济学评论》上），还有吕吉·阿莫罗索教授于1938年1月在《计量经济学》上发表的文章。

的。人们无法把帕累托归于任何流派。他不信奉任何"主义"。没有什么宗派或政党可以声称帕累托是自己这一派的，虽然许多宗派和政党从帕累托所掌握的广博的知识领域中掠取了一些碎片。他似乎觉得和当时占主导地位的潮流和口号背道而驰是一件快事。极端放任主义的追随者们可以从他的著作中寻章摘句来支持他们的观点，可是他对自由主义的"财阀民主"或"财阀宣传"的蔑视是最为彻底的。社会主义者应该感谢他，他为社会主义学说的发展做出了十分重要的贡献，他还抗议意大利政府在1898年所采取的反社会主义措施。法国的天主教会因为帕累托攻击了对法国教士的迫害（这种迫害是非常不光彩的德雷福斯案[1]的后续）而感谢他。他还反对孔贝部长的"政权还俗主义"政策，因为他是一位绅士，而不是因为他相信天主教会的教义。

像帕累托这样一位独立好斗的绅士，在争论中习惯于直截了当地给对手以强有力的抨击，这可能会受到某个流派的赞誉，但难以服众。现在他已经是过时的人物了。但即使在他事业的全盛时代，也是我们所熟悉的政治口号统治着官方语言、报纸、政党纲领及一般文献，其中也包括经济文献，帕累托表达严谨的科学成果的材料也不比现在更为流行。这里的问题似乎不在于为什么帕累托没有产生更广泛的影响，而在于帕累托是如何产生这么大范围的影响的。

如果我们把目光局限在帕累托对纯粹理论的贡献范围内，那他的为人、社会背景及地位就显得不那么重要了。但是，帕累托的为人和制约他的一切力量，都十分明显地和不属于经济学纯粹逻辑的理论的任何事情有关，因此有关其人和那些制约力量的评价比科学成就评价中的类似内容更重要、更有益。我先尝试表达出这种意见，然后简略地评述一下他在纯粹理论方面的工作，最后我再看一看他在《普通社会学》一书中所做的关于社会这一概念的

1　德雷福斯案：1894年，法国陆军参谋部犹太裔上尉军官德雷福斯被诬陷犯有叛国罪，被革职，终身流放，法国社会因此爆发了严重的冲突和争议。此后经过重审和政治环境的变化，德雷福斯于1906年7月12日得以平反，成为国家的英雄。——译者注

不充分表述[1]。

一、生平

帕累托的父亲，热那亚人马尔凯塞·拉斐尔·帕累托伯爵似乎是一个受19世纪前半叶意大利复兴运动影响的典型人物，是马志尼[2]的热烈拥护者。或许较多地由于国家而不是由于社会，他是"阻碍意大利走向全国统一的一切政府"毫不妥协的敌人，而且他是这个意义上而非其他方面的一位革命家。因此，他流亡国外，逃到巴黎，娶了一位法国妻子，而本文的主人公就在法国出生。如果加雷尼将军曾经把他自己描述为"既是法国人又是意大利人"，那么维弗雷多·帕累托也可以把自己描述为"既是法国人也是意大利人"。他于1858年被带到意大利接受学校教育，并于1869年获得了工程学博士学位。之后他开始从事工程和工业管理工作，并在换了几次工作以后升任意大利钢铁公司的总经理。直到1893年，他才到洛桑大学，并被任命为瓦尔拉斯的继承人，虽然前几年人们已经接受他是一个专业的经济学家了。他主要从事经济学研究的时间大概是1892年到1912年，实际上他后来的一切作品在性质上都是属于社会学方面的。他在1906年辞去教授职位，回到位于日内瓦湖畔的家中休养。在精力旺盛和富有成果的老年阶段，他逐渐成为"孤独思想家"。

1　罗科与斯皮内迪两位先生在1924年的《经济学家》杂志上提供的书目大体上完整，但是我们必须提出下列各种参考资料：《关于纯粹政治经济学基本理论的研究》；《洛桑大学政治经济学讲义》；《巴黎高级社会研究学院讲义概要》；《社会主义体系》；《政治经济学手册》（1906年）；《政治经济学手册》（1909年），这是前一本书的法文译本，但我们必须把它单独列出来，因为其中的数学附录完全是重新编写的；《普通社会学》（1916年）及其法文译本（1919年）、英文译本（名为《心灵与社会》，1935年）；法文版《数学科学百科全书》中的《数理经济学》（1911年），该书原来的德文版中的相应论文并不重要。另外还有一些书和不计其数的论文，但据我所知（帕累托在日报上发表了许多论文，其中大多数我不知道），它们所包含的具有科学性质的内容，都已包括在前面所提到的出版物里了。

2　朱塞佩·马志尼（Giuseppe Mazzini，1805—1872），又译吉塞培·马志尼，统一的意大利的缔造者之一。历史学家曾这样评价他："意大利的统一，归功于马志尼的思想、加里波第的刀剑和加富尔的外交。"——译者注上述情况基本上已经满足了我们的需要。我们只需着重指出已经提到的几件事，不必再增加其他的事实。首先，他有作为一位工程师的经验，形成了自己的理论观点，并且他早年所掌握的数学知识已达到专家水平[1]。其次，值得注意的是，他是一位非同寻常的经济学家，他完全熟悉工业实践。从某种意义上说，这与学院经济学家、公务员和政治家靠所能利用的方法获得的熟悉、精通程度是十分不同的。最后，他对现行的经济政策有强烈的兴趣，使得他在开始创造性研究之前，几乎就已经是一位经济学家了。关于这一点，我们即将在另一处加以评述。弗朗西斯科·费拉拉在当时仍然声名卓著，而自由主义者不加批判地赞美的那种理论结构仍然没有遭受冷遇。费拉拉的著作，特别是发表于《经济学家文库》的关于经典著作的序言，使帕累托受益匪浅，其影响不亚于或者超过了他在学生时代的大学课程所赋予他的教诲。帕累托对瓦尔拉斯著作的研究则源于马斐奥·潘塔莱奥尼的建议。

上述各种事实都不能够完全说明帕累托对社会和政治的看法，甚至都不能说明他对所处时代和国家实际问题的态度。我绝不相信他的个性会像极容易被抽干的水池那样，轻易就能被人剖析解读。但是我能肯定，凡是认识他的人都会同意这种说法，即贵族的背景对于他这个人比对其他人而言，起着更加重要的作用。特别是这一背景使他不能和共同生活在社会上的人们在精神上达到共鸣，也使他不能成为被任何集团完全接纳的成员。这一背景还使他不能和资产阶级思想的产物建立某种情感上的联系，如被称作"民主"和"资本主义"的孪生兄弟。这一背景的作用是使他有足够的收入维持生活——一开始是勉强糊口，后来生活富足[2]，这也为他提供了把自己孤立起来的条件。

在这样的背景下，他的古典学说也起着同样的作用。这不是指他和当时每个受教育的人所共享的那部分古典学说，而是指他通过夜以继日学习希腊

1　我不能准确地说出他的水平有多高。帕累托需要沃尔泰拉告诉他，$Xdx + Ydy$ 这个公式经常有无限多的积分因子，而当它有两个以上变数时就不需要这样的因子存在。我不知道一位真正的专家是否会忽略这一点。

2　这是因为他继承了一份遗产，而不是早年担任总经理所致。

加里波第军队和那不勒斯军队之间的战斗。加里波第是使意大利完成统一的英雄，率领一千余人与那不勒斯的两万大军在圣玛丽亚展开激战，加里波第与其大战两日才将其击败。

和罗马古典文献所形成的属于自己的那部分古典学说。古代世界是一个博物馆，不是实践科学的实验室。他过于相信那里面所积累的智慧，结果必然会远离生活在1890年或1920年的任何人群。他参加本国政治和政策辩论的结果，使他完全把自己孤立起来了，以致在接受洛桑大学邀请之前，他就已经决定移居瑞士。孤立对他的暴躁脾气是有影响的，只是在晚年，第二次婚姻所带来的家庭和睦才使他脾气变好一些。

他为什么会选择带着一腔愤怒离开自己的祖国呢？他从内心深处热爱祖国，他不仅渴望而且目睹了祖国重获新生。这一问题常常受到那些客观、严谨的观察家的关注，因为在这些观察家看来，似乎在帕累托离开祖国之前的30年里，这个新的国家的情况并不太糟糕。除了经济以相当快的速度发展且脱离了财政紊乱的情况以外——这里要向凯恩斯主义者们表示歉意——这个国家首先采取的措施是进行社会立法，并成功地把意大利建成当时所谓的列强之一。从这个角度来看问题，我们的观察家将会对阿戈斯蒂诺·德普雷蒂¹之类的人所建立的政权表示尊敬。纵使考虑新的民族国家在初创阶段容易遇到困难，观察家对于一些不能令人满意的部分也会加以原谅。但是帕累托没有表现出任何要原谅这些部分的迹象。他只看到了无能和贪污腐化。他投身于对一个又一个政府的激烈斗争中，这就使他成为众所周知的极端自由主义者——在19世纪，这意味着对自由放任主义毫不妥协的鼓吹者——而且在那个时期的德国新政者们中间，他对下面这种理论的产生起到了推动作用，即边际效用只是用以阻碍改良者的一种邪恶诡计而已²。关于帕累托对经济政策问题的态度，以及1900年以前他在科学著作中所留下的深刻痕迹，可能就是所要说的全部的内容了。即使在那时，在他的极端自由主义思想中仍然有些东西是直接反对官方自由主义的教条和口号的。他确实是一个反国家主义者，但这是出于政治的原因，而不是出于纯粹的经济原因：与英国古典经济学家不同，他不反对政府活动本身，只是反对英国古典经济学家热烈拥护的议会民主制的政府。从这一点来看，他的自由放任主义有了引申意义，与英国式的自由放任主义完全不同。一旦我们认识到这一点，其余的就容易理解了。

在19世纪末期以及20世纪最初的20年时间里，越来越多的法国人和意大利人开始表示不满，从单纯地表示失望，发展到对议会民主制下的政府不断更迭的现象及其在法国和意大利所产生的后果表示强烈厌恶。有这类情绪的

---

1 阿戈斯蒂诺·德普雷蒂（Agostino Depretis，1813—1887），意大利政治家，曾三次担任意大利总理。——译者注

2 德国的批评家们接受了他的《政治经济学讲义》，事实上该书中包含很少的可做不同解释的内容，但是它包含这样的观点：在这里所断言的纯粹竞争的优点对实际经济不起任何作用，因为纯粹的竞争还没有普遍盛行。

人很多，不限于任何一个党派。分析这些情绪不是本文的目的所在，更不用说去评判了。与本文有关系的问题是这些情绪真实存在，而且晚年的帕累托之所以在这种思想潮流中显得突出，不仅因为他在同时代的人中成就斐然，还因为他写了一部社会学方面的著作——还有索雷尔和莫斯卡的著作——使这些情绪合理化了。

对于英国人和美国人来说，有些特殊的历史背景和境遇使他们在思想上对议会民主有一种不同寻常的特殊情感，他们忘记了这些条件，因而不知道帕累托对法西斯主义的态度可能产生的影响。但是这种态度本身并没有什么问题，不需要任何理论来解释它。1914—1922年所发生的事件已经把他召回了政治辩论的舞台。他关于第一次世界大战的起源、《凡尔赛条约》的失策，以及国际联盟的无能所发表的精辟分析，虽然在意大利以外没有引起共鸣和反响，但这是他所有成就中最耀眼的部分。最主要的是他目睹了意大利社会的极度混乱，这种混乱十分惊人，只有当一个人亲眼看到才会相信。

把这些年里的一切困难都归咎于颓废的资产阶级软弱无力的政治制度，这位罗马史学者可能想到在罗马共和国元老院中使用过的一个方案，即为了应付紧急局面，元老院常常命令执政官任命一位具有无限权力（虽然是临时权力）的官员，也就是独裁者。执政官应该注意避免使国家的利益受到损害，但是在意大利的宪法里没有这种规定，即使有这种规定，也不会起到什么正面的作用。因此，独裁者必须自己任命自己。除了这一点及赞誉墨索里尼在恢复秩序方面所取得的成就以外，帕累托从来没有再进一步。墨索里尼对始终宣讲温和主义的人及始终主张新闻自由和学术自由的人，都给以参议员之类的职位。一直到晚年，帕累托始终拒绝接受这一主义，就像他拒绝接受任何其他主义一样。根据英美的传统观点来推断帕累托的行动或感情——他的任何行动或感情——是没有任何实际意义的。

其他任何东西都沉在他的人格深渊之底。

二、理论家

在对帕累托经济学上的贡献做出评价时，我们首先必须充分称赞他的领导才能。他从来没有在意大利教过书，而洛桑大学的法律系也不是培养一流学术才能的好地方，可是他实现了瓦尔拉斯没能实现的事情：建立一个名副其实的学派。1900年以后不久就出现了由一些杰出的经济学家组成的内部圈子，或由一些不甚著名的追随者组成的广泛圈子，此外还有一大批比较固定的外围支持者。他们在积极创作方面彼此合作，在私下也保持来往，衷心服从于一个导师和一个学说。

这一学派有意大利人的鲜明烙印。前面已经指出，它极少有外国的追随者，虽然帕累托学说的部分章节在英国和美国最终也被接受了。帕累托学派从来没有统治过意大利经济学界，实际上从来没有哪个学派统治过它所在的国家。李嘉图的经济学说似乎曾经统治过英国经济学，但这一现象是不实事求是的历史编纂工作造成的。许多其他意大利杰出的经济学家（如艾奥迪）完全坚持他们自己的主张，另外一些人（如戴尔·维吉奥等），尽管承认帕累托的盛名，采纳他的某些学说，但也思考和写出了许多其他东西，正如世界上未出现帕累托时他们所做的一样。然而事实是，一个学派确实在这种理论结构基础上出现了，这种理论结构不仅一般读者不容易理解，而且对于一些最有创造性的部分，经济学研究者分析起来也有点力不从心，特别是那些从来没有听过这位导师讲课或没有见过这位导师的研究者。

我们若抛开他的领导才能，就会看到一位继续着瓦尔拉斯工作的理论家。当然没有人曾经否认这一点，帕累托的忠实追随者没有否认，帕累托本人更加不会否认这一点。在这一点上的意见分歧显然局限于以下问题：帕累托究竟在何种程度上超过了伟大的先驱者瓦尔拉斯？两人在思维能力方面谁高谁低？有几种理由可以解释他的追随者们为什么没有在这些问题上达成一致意见，无论是与外界还是在他们内部。其中有一个理由我们要立刻说明：瓦尔拉斯在政治哲学的外衣下提出了他的不朽理论，其本质是超科学的，因而不会合乎每个人的口味。我恐怕再没有更好的方法来表达它是什么哲学，因此倒不如把它称为小资产阶级激进主义的哲学。瓦尔拉斯觉得有责任宣讲一种"社会理想"，它来自19世纪上半叶法国的准社会主义作家们（或者我们可以同样公道地说它来自功利主义）。他把土地国有化看成学说中的主要内容；他是一位货币改革者，他的学说散发着现代化的气息。但是这一切正是帕累托所讨厌的东西。这些只是形而上学的空想，还是不带有任何感情色彩的形而上学的空想。他们的共同基础仅仅局限于纯粹理论方面，特别是瓦尔拉斯的均衡公式。但在其他任何方面，他们的不同就像人与人之间的差异一样。即使他们曾经为了数理经济学的发展而精诚合作，并缔结了友好的情谊，而且帕累托对于瓦尔拉斯向自己推荐洛桑大学的教授职位心怀感激，但这些都不能掩盖他们之间根深蒂固的互相厌恶，这种厌恶的情绪不时在他们与其他人的谈话中不加掩饰地流露出来。虽然他们的纯粹理论都来自同一个模型，但是他们各自的整体思想体系有很大差异，对社会过程的看法也没有得出相同的结论。所有无意忽视一个人的基本理论和实际特长的经济学家，也就是说大多数的经济学家，只是因为这一理由，就认为帕累托学说的结构和瓦尔拉斯学说的结构是完全不同的。

我们暂时忽略社会学，仅他在纯粹理论方面的成就，就已经在这门学科的历史上留下了浓墨重彩的一笔，然而其中也有例外的情况。让我们首先看看这一例外。《政治经济学讲义》及1896年发表的一篇论文，是帕累托在计量经济学方面具有高度创造性的著作。这首先确立了他的国际声誉，并且在"帕累托法则"的名称下，他创作了对所讨论的重大问题有贡献的一整套文献。如果用N代表收入比x高的所得者的人数，A和m为两个常数，则可以把帕累托的"法则"陈述为

$$\log N = \log A + m \log x$$

《政治经济学教程》的第七章有帕累托对这一概括最成熟的解释。我们必须把自己限定在他所提出的两类问题的范围内。首先，是适当性的问题。人们曾经进行了许多研究。其中一些研究者认为他们的研究完全驳倒了这

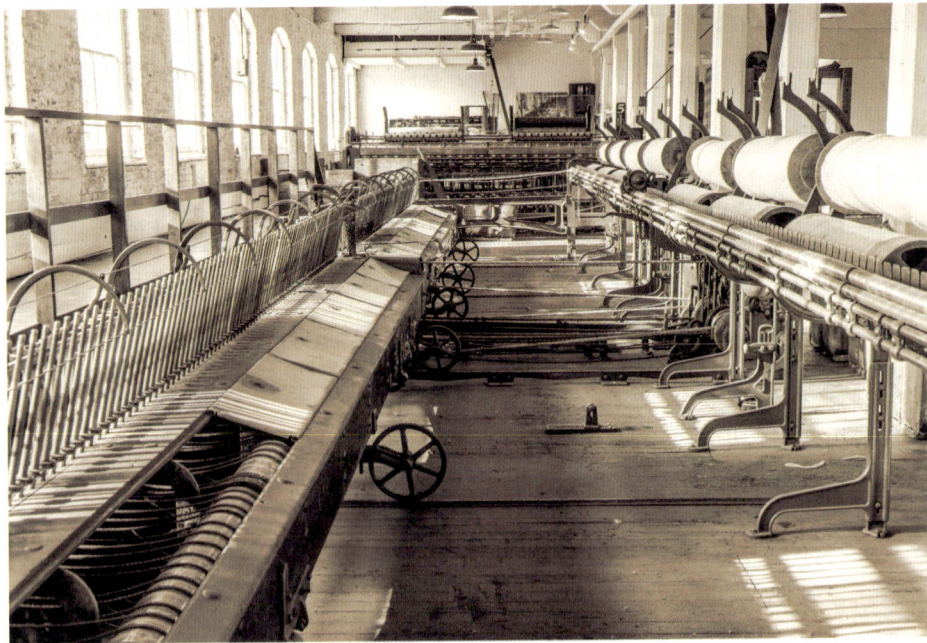

纺织业复苏。19世纪60年代，意大利统一运动（意大利复兴运动）蓬勃开展。完成统一之后，意大利就走上了对外扩张的资本主义殖民道路，并且以强国的姿态出现在欧洲的政治外交中，经济飞速发展。

一"法则"，提出了另外一些较好的方法来描述收入的不平等现象。读者会观察到，关键的问题在于m值的近似不变。但总的来说，帕累托法则经得起批评，因为直到现在，还有称职的统计学家应用它。其次，是如何解释的问题。假定直到最近的某个时期，按照等级的收入分配情况已经十分稳定，我们能依据这一点推导出什么呢？这一问题从来没有得到解决。大多数参加讨论的人，其中包括庇古，都只局限于批评帕累托本人的解释——这一解释最初确实遭到过反对，并且像我们的许多争论一样，这一争论也以没有任何确定的结论而告终。似乎很少有经济学家认识到这类公式在将来的经济学中仍然有保留下来的可能性[1]。从这一观点来看，帕累托的"法则"确实开辟了一

---

1 似乎没有人认识到，寻求和解释这一类型的公式可能为一种全新的理论奠定了基础。

条道路，即使最终它也没有留下任何特殊形式。

我利用这一机会来讨论另一件事。帕累托在《政治经济学教程》有关人口的一章中讨论了收入分配定律。就所要讨论的问题而言，这一章并没有多少值得注意的地方。但是这一章包括了许多其他的东西，它们像这个"法则"一样，通常是不会包括在人口理论里面的。正是这些内容才使这一章变得生动活泼，赋予了其新鲜性和创造性。帕累托的精英循环论就是一个例子（参考后面的"三、社会学家"部分）。其中大部分内容本质上是社会学领域的，不是经济学领域的，而且一部分尖锐地表达了一些偏见，这些偏见为这位分析人类偏见的伟大分析家身上[1]带来阴影。

在真正被称为纯粹理论的领域里，帕累托的思想发展缓慢，而且实际上保留着帕累托以前的某些特点。除了受到费拉拉、英国与法国"古典时期"的经济学家的早期影响以外，他以瓦尔拉斯的静态均衡方程式为起点——这是在他认识到这些公式事实上是通向其他一切事物的钥匙之后的事，虽然在开始时，他对这些公式也有一定的抵触情绪。他又从1885—1896年这十余年间所有有才能的经济学家都不能不接受的一切建议中得到了进一步的鼓励[2]。最后，他深刻地理解到前辈们的技术缺陷及其他局限性。这样看来，他自己的理论工作最适合由他自己来做——确实，其中大多数由瓦尔拉斯本人做了[3]。但是他的早期作品，如《关于纯粹政治经济学的基本原理的研究》

1　例如，不管我们对于他对女权主义现象的解释有何想法，当我们读到以下句子时，都会感到忍俊不禁："女权主义是一种弊端……"这种说法不能表示什么客观性或不能表明其不偏不倚。关于帕累托的严格意义的人口理论和那些社会学方面的补充，请读者参阅J.J.斯彭格勒教授的《帕累托论人口》一文，载于《经济学季刊》（1944年8月号和11月号）。

2　诚然，对其中若干的建议，帕累托的反应很明显，即使不是敌对的，也是否定的。他从来没有充分重视马歇尔，其主要原因是他在原则上反对局部分析，而且他似乎从来没有看到奥地利人原始技术后面所有的一切。但是他不仅重视埃奇沃思，重视威克斯蒂德，而且对那些站不住脚的反对意见毫不理会。比我们通常知道得更多，他重视欧文·费雪。他不仅重视费雪的《价值与价格理论之数学的研究》，也重视《收入的本质》和《利息率》。在我听到他高度评价《资本和收入的本质》一书时，感到颇为意外。

3　瓦尔拉斯完全了解，他不得不走捷径，以便完成他所认识到的暂定的结构。他从来不相信那些假设，如生产的恒定系数、生产的不定期性、间接费用的不存在，以及同等规模的企业能够或应该永远存在等。我们无法确定，帕累托在这一方面对他是公正的。瓦尔拉斯的成就不仅是先驱者的成就，而且指出了下一步应该做什么。

（《经济学家杂志》，1892—1893年），从来没有超越瓦尔拉斯学说的"边界"。他的《政治经济学讲义》显然也是如此。一些敬重帕累托又不是严格意义上的帕累托追随者的经济学家对他说了一些恭维话，称赞《政治经济学讲义》为他的杰作。诚然，《政治经济学讲义》是一个显著的成就，它从头到尾都充满了激情，这种激情使一些老生常谈的段落也显得十分生动。帕累托拒绝重印或再版的做法是正确的，因为就纯粹理论来说，《政治经济学讲义》里没有什么是帕累托所独有的东西。直到1897年之后，他的水平才达到一定的高度。证明他获得进展的首批出版物是《纯粹经济学新论的若干章节概要》。其后，《政治经济学教程》（意文版）出版，我们应当说它的法译本（1909年）标志着他所取得成就的顶点。

他在这一位置上所建立的塔形结构并不是完美无缺的。对于一部全面的论著而言极其基本的许多东西，他极少给予关注。我不只是说，就在任何一本普通教科书里能找到的东西而言，帕累托的作品不能和马歇尔的作品相比。更为重要的是，他对理论原则的许多重要部分没有进行合理的解释。例如，帕累托的货币理论略逊于瓦尔拉斯的货币理论，他的资本与利息理论吸取了瓦尔拉斯理论中的全部优点。关于利息，他似乎满足于这样的解释：各种有形资本及它们的服务都不是免税品。他的垄断理论，我相信就是最宽容的解释都不能帮助它脱离窘境。虽然有一些缺点，但某些批评家所提出的非难是完全错误的。因为这种非难不仅忽视了他的许多独特的、强有力的论点，更重要的是，忽视了他的理论成就的精粹。在所有成就中最重要的是价值理论和生产理论，我们马上对此进行讨论。但是首先我们必须要界定他的成就本身，价值理论和生产理论仅仅是其成就的应用。

从纯粹理论观点来看，任何精通瓦尔拉斯体系的人必然产生的第一个想法是，如何把这一体系的概括性提高到更高水平。当我们跟随着瓦尔拉斯以及所有边际效用理论家前进时，通过交换、生产及其他现象，我们发现，他们试图解决的问题，按最终逻辑都能归结为一个问题：他们的一切问题（不仅仅是生产问题）都是经济数量的变换问题，而且在形式上是相似的，各种问题之间的差别仅仅体现在经济活动在不同领域中所受到的限制不同。假定我们决定去做在一切科学领域里都要做的工作，即分离出所有经济问题的共同核心，并一劳永逸地建立这种共同核心理论，思维经济的观点（E.马赫的《思维经济学》）将认为由功利主义者来做这一努力是非常正当的。这种理论将会运用十分普通的指标，如"偏好"和"阻碍"等来开展工作，而不必顾虑我们给予这些名词特定的经济意义。我们可以超越经济学，把它们提高到未定义的、只是受到一些限制的"事物"系统的概念上，然后试图建立一个绝对普遍的数理逻辑体系。这样一个过程，对于在若干年代中为了表现经济逻辑的某些特点，而使用粗略方法的经济学家而言，应当是十分熟悉的，如值得我们尊敬的朋友克鲁索。帕累托只是在更高的水平和更加广阔的战线上做了同样的工作。但在这样的高度上难以生存，而且难以取得进展。已经逝世的，有能力的批评家A.杨格曾经提出了一种看法：帕累托除了"干燥无味的归纳"以外没有取得任何成就。这一点只有在将来才能得到验证，在这之前我们应当承认他的贡献是伟大的。

举一个例子就可以说明这个观点，像这样"急于求成"（急于寻求普遍性），虽然产生了逻辑上的困难，但是也产生了从经济学上讲有利的方面；虽然这一概论仍然在相对较低的概括水平上发展并因此受到攻击，但这种有利的方面从《政治经济学讲义》出版时起就已经存在。众所周知，马克思的著作是对资本主义发展过程的分析，其目的在于表明这一过程会产生社会主义社会，完全没有试图勾勒出社会主义社会经济学的轮廓。又如现在每个人所知道的，马克思主义理论中不能解释的关于社会主义学说的某些方面，E.巴罗内已经做了相关的补充。近代作家只能在一些不占主要地位的细节上超越巴罗内关于这一主题的著名论文——《集体主义国家中的生产者》（见意文版《经济学家杂志》，1908年）。但是巴罗内理论的基本观念在帕累托的《政治经济学讲义》的第二卷里（第94页）和他的《政治经济学教程》里（第362页）已有清楚的表述。也就是说，这一思想好像要把经济过程的逻辑核心抬高到便于观察的制度外衣基础之上。一旦把自己放在帕累托关于偏好与阻碍的一般理论的观点层面上，读者就会看到，这种思想作为特例，就很容易闪现出来，虽然它也在维塞尔的脑海中出现过。

在这一特殊的情况中，帕累托几乎失去了占得先机的权利，至少在英美经济学家中的表现如此——虽然他提出了这一问题，而且指出了解决方法，但是除了这一点外，他在其他的情况中完全失去了占得先机的权利，因为他把自己局限于仅仅提出建议。这样，借助于事后理论的发展，我们能够发现在《政治经济学教程》里有许多关于以后的动态经济学的线索。但是所有的线索，如他所指出的和追踪曲线相仿的适应形势（如狗与主人问题，参阅《政治经济学教程》第289页），以及他所指出的连续振动的存在（参阅《政治经济学教程》第528页）等，都没有起到任何作用。它们只是消极地表明经济制度向独特和稳定的"取值"（即一组能满足其条件的值）靠拢的趋势，正如瓦尔拉斯在内的那一时期的经济学家所料想的那样，除了更容易引起怀疑之外，没有起到任何作用[1]。他没有积极地利用这些建议[2]，也没有研究出解决这些问题的方法。因此我认为，我们可以毫不迟疑地把帕累托的著作说成静态理论，如果我们在对他的评价中补充这一点，即他比别人更理解静态理论的局限性及这些问题的要求，那么对他的评价就基本公正了[3]。

现在我们进一步讨论帕累托在价值和生产领域中的理论。我们要记住，从上述观点出发，这些理论已真正融合成了一个理论。

即使不是所有现代理论家，也至少是大多数现代理论家都会同意：杰文斯、门格尔和瓦尔拉斯的效用和边际效用理论具有重要的历史意义，主要在于它们起到了阶梯的作用，通过这一阶梯，这些经济学家达到了"一般均衡"理论的高度，虽然瓦尔拉斯比奥地利人或杰文斯更清楚地看到了并更充

1　参阅他在《数学百科全书》的一篇文章中关于不稳定均衡的讨论。
2　关于危机的空洞的理论（《政治经济学讲义》，第528~538页），肯定不够条件被称为特例。
3　帕累托把纯粹经济学的主体分为静态经济学、研究连续均衡的动态经济学以及另一种动态经济学，但对我来说似乎是指比较的静态经济学。他把真正的动态经济学与发展的问题结合起来了，但是这种结合方式在这两方面都十分不完善，是极不方便的。我知道有人对这一情况的看法是不同的，虽然后者的态度有一定的道理，但在这里不能采用。

　　两个小男孩用手吃意大利面。意大利面最早出现于公元13—14世纪，早期人们都是用手抓着吃，但由于意大利面吃起来连汁带水，用手抓颇为不便，到中世纪时，一些上层人士觉得这样的吃相不雅，才发明了餐叉，可以把面条卷在四个叉齿上送进嘴里。餐叉的发明被认为是西方饮食进入文明时代的标志。从这个意义上讲，意大利面功不可没。

分地发展了这一概念[1]。换句话说，效用和边际效用理论是通向重要事物的几种可能途径之一，它用优良的方法及易于理解的方式来显示经济体系间的各种关系，还使容易被归入各门类的大量经济现象变成了一个统一体系，除此

1　正如凯恩斯在《艾尔弗雷德·马歇尔传》中所指出的那样，马歇尔也完全掌握了这一概念。根据凯恩斯的话及其他的线索，我们可以相信马歇尔独立地得出了这一概念，并且在时间上是早于瓦尔拉斯的。但是也不能改变这样的事实：他在《经济学原理》的有关附录（第4版的注释14和注释21）之前关于这一概念并没有发表过什么东西，而且根据承认优先权的普通规则，这些附录只能被认为是这一概念的雏形。因此，我们可以断言瓦尔拉斯的优先权是无可争议的。但是奥地利学派的优先权也是无可争议的，特别是维塞尔。十分肯定的是，缺乏数学知识，特别是不能掌握联立方程式的体系，才使得门格尔不能得出和瓦尔拉斯体系相仿的确切体系。有一些学者（如库尔诺）已经有了一般均衡概念，我认为这是不正确的。《关于财富理论之数学原理的研究》的第11章，除了承认经济数量的一般互相依存关系以外，再没有什么东西了，并且在这里和其他任何地方，库尔诺对于如何使用这一概念也没有提供任何明确而有效的指导。《关于财富理论之数学原理的研究》里的一切实际工作，或者是局部分析，或者在某种程度上说是综合的分析。

之外，它本身并不十分重要。换言之，效用理论是一种非常有用的启发或假说。但无论是瓦尔拉斯还是奥地利人都不这么认为，在他们看来，效用理论就是最终真理，它发现了解释纯粹经济学一切秘密的钥匙。因此，他们特别强调这一理论。这种强调又导致帕累托及其支持者强烈反对这一理论。英美的著者，特别是艾伦和希克斯也采取同样的态度，非常慷慨大方地祝贺帕累托找到了在他们看来最重要的新起点。实际上，认为这一新起点构成帕累托主要贡献的意见是极其广泛的。

从《政治经济学讲义》里的一些迹象可以看出，帕累托从一开始就对瓦尔拉斯的价值理论有所不满。但是他所做的修正只停留在这一原理本身的范围之内，既不是重要的也不是创造性的。关于不重要的修正，我们只要叙述一下以下事实，即他用"满足度"一词来代替"效用"（用"基本满足度"代替"边际效用"或瓦尔拉斯的"比率"），其理由是"效用"一词含有太多的可能引起误解的联想。关于帕累托的不具有创造性的那些修正，我想将效用和边际效用作为消费单位在适当选定的时期之内所占有或消费的一切商品的函数这种概念作为例证来说明，它用以代替瓦尔拉斯的任何商品的总的或边际的效用只是该商品数量的函数的那种说法。这一明显的改进是埃奇沃思[1]提出的，但是我承认我有些怀疑埃奇沃思是否完全了解这一改进所造成的理论上的困难，因为它把杰文斯、瓦尔拉斯和马歇尔的常微分系数的最后一级效用变成了偏微分系数的最后一级效用，这样就极大地增加了我们所遇到的困难，即使我们只是试图证明最简单形式经济体系的确定性[2]。

但是没过多久（在1900年以前，帕累托在巴黎的课堂上将自己理论观点的转变向世人宣告了），他认识到必须放弃可度量效用（基数效用）的概念。或者说他认识到，不管出于何种目的，为了在欧文·费雪的《价值和价

1　弗朗西斯·伊西德罗·埃奇沃思（Francis Ysidro Edgeworth, 1845—1926），英国统计学家，数理统计学的先驱。——译者注

2　更确切地说，当我们试图证明有且只有一组数值能够满足一般均衡的公式时，只要坚持这样的假定即可：每一商品的边际效用只取决于该商品的数量，而且在流通过程中我们只使用"硬币"（标准财货），则一切事情都会很顺利。在这种情况下，那些为了证实确定性而必须有的限制，对我来说从经济上来看是可以接受的。正是那些偏微分系数的闯入导致了真正的困难。

格理论的数理研究》（1892年）第2部分里第一次确切提出的理由，不得不
放弃这种概念。为了挽回局面，他利用埃奇沃思第一次采用的无差异曲线
和偏好曲线。但是埃奇沃思仍然从可以度量的总效用出发来推导这些曲线的
定义，而帕累托把这一过程颠倒了过来。他从这些作为既定条件的无差异曲
线出发，证明由此能够确定纯粹竞争中的经济均衡，并且得到与可能存在的
效用等同的某些函数。无论如何，由此可得到（序数的）效用指数或帕累托
所称的指数函数（《政治经济学教程》，第540页，注1）。

有两点必须加以说明。第一点，虽然帕累托修改了埃奇沃思的发明，以
便自己使用，可是他赋予了无差异曲线一种新的意义，这一意义是埃奇沃思
的《数理心理学》里所没有的。这种无差异曲线完全失去了任何效用含义，
效用概念为经济均衡理论所做的一切，现在则由关于这些无差异曲线形式的
一些假设来做了，那就是用可观察到的行为的假设来取代效用假设，因而将
经济理论置于帕累托觉得更为牢固的基础上。当然人们可以强调，尽管有过
几次尝试，可是没有人成功地实现这种观察，因此很难寄希望于此：我们可
以根据客观资料画出涉及全部范围的曲线，从而得出一个完全的、根据经验
得出的无差异画面。因此，让我们将这些曲线称为潜在的经验曲线，或者使
用康德的术语，称为"经验参照曲线"。无论如何，把这些曲线应用到对埃
奇沃思来说完全陌生的目的上，可算是一项富有创造性的成就，但是帕累托
自己承认，这一成就在费雪的著作中已有预兆，因此不能算是新成就。

第二点，帕累托的论证显示出了他经历过的、将自己完全从旧效用理
论中解脱出来所经受的困难。他总是在注意着可能涉及效用甚至基数效用的
那些情况，这些情况的存在才有可积分性的问题，并且持续引起他极大的兴
趣。他的指数函数和旧的概念终归有极其相似之处，实际上，正如艾伦和希
克斯所指出的那样，帕累托从来没有成功地使自己完全摆脱旧的概念，他继
续使用了像埃奇沃思一样的关于竞争和互补性的定义这类概念，这些概念和
他的基本观念并不一致。让我们再补充一下，这一基本观念早在1902年就由

P.博宁塞尼加以发展和捍卫了[1]。到了1908年，恩利科·巴罗内在前面已提到的那篇论文里，已超越了帕累托的理论。在价值理论方面，巴罗内把他的基本假定局限于这种所谓的事实：每个人根据所面对的产品和生产性劳务的既定价格，把因出售劳务获得的收入按照某种特定的方式在消费品支出和储蓄之间分配。"关于这种方式我们将不去分析它的动机。"正如巴罗内所认为的，这将除去效用或无差异函数的任何概念。关于这一学说的其他事情是大家极其熟悉的，无须赘述。我将只提及以下著作：约翰逊和斯卢茨基的论文（这些论文还没有为大家所注意）；鲍莱在他的《经济学的数学基础》里的重要阐述（这种复述的影响更大）；艾伦与希克斯，乔治斯库－罗根，萨缪尔森和H.沃尔德等人的作品。如果我们承认现在的情况是"暂时最后的"情况，则的确必须把费雪或帕累托当作现代价值理论的守护神向他们致敬。

　　与现代价值理论的守护神相比，将帕累托当作"新福利经济学"的守护神是更为确切的。他如何又一次为他毫不（或者应当不）感兴趣的事业而努力？这个故事是很有趣的。从经济学诞生的那天起，界定很不确切的公共福利就在经济学家的作品中起着很大的作用。功利主义（贝卡利亚、边沁）的拥护者所熟悉的口号对这一概念的合理化做了一些贡献，价值效用理论似乎也很好地补充了这一概念，它很快就被运用到征税这种工作上去了。费雪、帕累托的关于无差异曲线的理论，实际上摧毁了以基本效用甚至人际间效用（满足）比较为基础的那些理论，因此我们乍一想，它似乎应当抛弃这一切。但是帕累托不但没有得出这一结论，而且要重新研究集体满足的最大值问题。最后确定的系统性阐述是由巴罗内完成的，但是其中主要的观念仍然是帕累托提出的。

　　首先，帕累托观察到，任何已知的经济模式的一切变化都可以说成在其完全客观意义上增进福利或集体满足，假如按照"硬币"（标准财货）计算，获利的人能够补偿受到损失的人并有剩余的话，这一原则实际上会解救

1　《纯粹经济学的基础》，载于《经济学家杂志》1902年2月号。

一些（虽然不是全部）被经济学家通常忽视的关于福利的意见[1]。第二，帕累托指出，用这种方式不能解救关于福利的看法，必须明确地以超经济的，如"伦理"的考虑为依据。第三，他表明，为了证实集体主义国家能够增进在完全竞争条件下实际上可以达到的福利水平，可以使用这一原则[2]。但是除了一些微小的发展以外，这些观点有很多是新福利经济学的观点。

帕累托的福利经济学中研究生产逻辑的部分，提供了他在纯粹理论方面的第二个伟大贡献，即生产理论极其方便的过渡。他从选择理论方面来研究这一问题，并将无差异曲线与导数概念的一般工具（最大利润曲线、完全变换曲线和不完全变换曲线等）运用到生产中，描绘出了一个完整结构，其中只有一部分曾明确地出现在当时的文献中[3]。这一结构可以说是我们所处时代的生产数理理论的基础，也是静态的生产的数理理论的基础。特别的是，这一结构的高度概括性给一切特殊情况都留有余地，而我们在处理这些特殊情况时不需要额外强调其中任何一种例外情况：这些"阻碍"在开始时可能是任何东西，其后又能够采取实际生活中经常出现的任何形式——不管产量大小，需求量总是固定的，由工艺学决定了单位产量所需的数量、"补偿的"要素及其他，所有此类因素都在理论上完整的可能性图表中占有一席之地。在评价这一成就时，我们必须记住，帕累托主要关心概括和改善前人的作品。同时，他的作品可以划分为在《政治经济学讲义》中登峰造极的第1部分和在《政治经济学教程》中达到顶点的第2部分，虽然在法文《数学百科全

1　按照严格的逻辑意义，这种原则与补偿是否实际进行没有关系。在后一种情况下，我们只是把这种改变分为两部分，即不符合这种原则的、从损失者到获利者的转移和符合这种原则的、改善集体满足度的那种改变。即使如此，我们仍不愿意以福利意见拥护者的身份站出来，并说这种原则不会因为人们反对使用基数效用或反对使用人际间满足度情况的比较而无效。还有其他的更重要的反对意见，特别是这样的反对意见：这些"客观的"福利意见除了当前的影响外，忽视了一切其他的影响。

2　在我看来，《政治经济学教程》第363页的最后一句话似乎表明：他大体上预见到了霍特林教授于1938年在《计量经济学》第6卷里发表的《一般福利与赋税问题及铁路、公共事业费用问题的关系》一文中的论断。将下面这一原则实际运用于铁路是个老问题：即使在成本递减的情况下，收取能够弥补边际成本的价格并用其他一些方式支付固定成本，可以使福利达到最大。据我所知，这应归功于劳恩哈特，他根据这一原则推论说，铁路投资"永远"不应当交给私营企业（参阅《政治经济学的数学基础》1885年版第294页，以及更早的著作）。

3　如果去掉"明确地"这个词，则帕累托的分析应该归功于与他同时代的人，特别是应归功于马歇尔，甚至他的前辈们。

书》（第1卷，1911年）的那篇论文里也补充了一些次要的观点。

原来，瓦尔拉斯已经对他的基于固定生产系数——单位产出量的固定（平均）投入量——这一假定的生产理论做出了阐述，这既不是因为他相信这是唯一的情况，也不是因为他相信这是一个极其重要的情况，而是因为他觉得采用简化的方法是有道理的[1]。他对大量向他提出的批评的答复是："所有愿意跟随我的经济学家都可以随意地把你们所认为的复杂情况一个接一个地加进来。这样，他们和我都有责任去做这些事情。"到此为止，不能说帕累托比瓦尔拉斯贡献得更多。此外，当《政治经济学讲义》问世时，瓦尔拉斯根据1894年从巴罗内那里得到的启发，已经采用了可变系数，虽然没有更改论述生产的基本部分的论点。同一年（1894年），威克斯蒂德的《分配定律的同为论》问世了。最后，生产的可变系数在任何情况下都不是新的东西，杰文斯、门格尔和马歇尔对此都做过论述。帕累托的《政治经济学讲义》只增添了一个系统性的阐述，以及不能把补偿系数看作唯一或基本问题的若干理由——并不是所有这些理由都令人信服。

当然，我们是否要把"边际生产力理论"这一词语局限于这一情况[2]，只是一个专业术语的偏好问题。帕累托曾经把它限定在这种情况上，但在《政治经济学讲义》发表以后的若干年里，他对此的敌意不断增加，以致宣称它肯定是"错误的"。他显然抱有这样的看法：他已经驳倒了，或者无论如何已不再需要边际生产力理论，就像他觉得他已经驳倒或不再需要边际效用理论一样。他的杰出的成本理论，把教科书理论从危险境地拉了回来。这些教科书理论认为在纯粹竞争的完全均衡情况下，价格应当等于边际成本，同时

1　奇怪的是，这位最伟大的理论家也会持有这种观点。这是因为：第一，这一简化产生了分析上的困难，这可能使我们怀疑这种简化到底是否为简化；第二，它产生了理论与现实之间的鸿沟，而这道鸿沟如此之大，以至于使人们怀疑它得到的结果是否有任何用处。

2　之所以这样做，主要是因为这是教科书的一种传统。这种传统只考虑一些生产函数，在这些函数中，产品数量只取决于"替代的因素"，并有如下定理：在纯粹竞争的完全均衡情况下，每一单位生产要素所获得的补偿等于物质边际生产力与产品价格的乘积。但是如果我承认存在可能产生和这一定理不相符的结论的"限制性因素"，或者说，承认有对生产函数的各种限制，则我们就没有离开边际生产力理论的范围。参阅A.史密赛斯的《生产函数与效用函数的边界》，载于《经济学方面的探索，为祝贺F.W.陶西格教授而作的论文集》（1936年版）。

意大利博洛尼亚市铁路。博洛尼亚是意大利重要的交通枢纽。第二次世界大战期间，博洛尼亚是德、意法西斯的重要据点，曾多次遭到轰炸。此外，博洛尼亚也是第二次世界大战中意大利抵抗组织的中心，是具有反法西斯光荣传统的城市。

总收入应当等于总成本——使我们能够检验这一说法[1]。只要生产的合并依赖于经济的考虑，况且经济学家的任务就是要说明经济的考虑，那他的理论与纯粹的边际生产力理论相比较，差别是不大的。但是帕累托教会我们如何处理工艺和社会的限制所造成的一些偏差，并且和在其他各处一样，他还做了一些别的事情。

---

1 我们利用这一机会来谈谈帕累托的地租概念。这一概念产生于这样两个条件不相容的情况下，即总成本等于总收益；价格等于边际成本需要特别指出的是，该概念产生于储蓄转化为某种资本货物过程中遇到困难的情况下。如今，这一地租理论已经复活了。它可能帮助我们走向一种改进的摩擦理论，但它很难再产生其他的作用。

三、社会学家

经济学家涉足社会学领域不足为奇。他们的大部分工作——实际上是他们所论述的规章制度和形成的经济行为的全部内容——不可避免地会与社会学家的研究领域相重叠。这样就产生了一个无人涉足的或人人都能涉足的领域，我们可以把它称作经济的社会学。实际上在每本经济学著作里，我们都可以找到来自这一领域的或多或少的重要成分。除此之外，许多经济学家，特别是那些给经济学下过相当严格定义的经济学家，也已经做了社会学的工作。亚当·斯密的《道德情操论》和维塞尔的《权力的法则》都是非常显著的例子。

在伟大的经济学家的名单中，很少有人像帕累托那样，把他的大部分精力用在乍看起来似乎是额外的工作上；也很少有人像他那样，由于在这一领域内所做的工作而享有国际声誉。但是描述和评价他的成就的特点不是一件容易的事情。一些人对他的热烈称赞和另一些人对他的敌视都是可以理解的，但是我们对哪一方都不必十分认真地对待，因为在大多数情况下这两方的意见都明显来源于一些非科学的论断。虽然为了描绘一个满意的"画面"应当考虑几种次要的作品和大量报刊文章，但我们不需要超出《社会主义体系》《政治经济学教程》（特别是第2章和第7章）和《普通社会学》的范围。

让我们从帕累托社会学特点突出且容易描述的两个方面开始。第一，虽然帕累托在他漫长的一生中接触到了大量的非常具体和实际的问题，但他的纯粹科学贡献是在最抽象的经济逻辑领域。因此，帕累托一定有一种愿望，即在他的纯粹理论旁边建造另一座建筑物，以容纳不同种类的事实和论证，这些事实和论证有助于回答这样的问题：由他的经济理论来处理的因素如何能在实际生活中实现？第二，我们看到在帕累托的早年时期，至少在他居住在意大利的时期，他对有关经济和一般政策问题的辩论产生了极其浓厚的兴趣。像这样一位天生的思想家，一定会被理性论证的软弱无力所触动，并且一定会被迫产生这样的疑问：究竟是什么决定着政治行动及国家与文明的命运？另外，还有一点也是完全可以理解的：一旦他决心专注于思想层面的工作，这一问题就会从一些容易的和肤浅的答案中抽离出来。所有埋头于日常工作的人都很容易给出这样的答案，帕累托则试图把这一问题抬高到科学分析的层面上来。这等于说，他的社会学基本上是一种政治过程的社会学。当我们考虑当时的那个政治进程在后来被证明是一个特例时，这个人所做的、所想的和所感觉到的一切事情，以及他的一切学术著作和他对学术创作的态度，无论如何都会发生。但是帕累托被这个特例迷住了，并且建立和装饰了一个庞大的理论结构。

此外，仍然在相对比较容易考察的范围之内，我们将考虑他的方法。帕累托本人再三强调，他只是把他使用在经济理论上的同样的"逻辑—实验"方法，应用于分析"凭实验"可以证实的社会生活其他方面的事实，使他在这方面和其他方面一样，能够遵循科学的规律。这当然完全是妄想。例如，人们很容易看出来，他大量并且不十分恰当地使用了心理学的解释，这在科学里是没有可比之处的，而且他的资料更像是观察的产物，不是实验的结果——就方法而言，两者根本不同。我想，当帕累托试图阐述他的实际操作规则时，他实际上要强调的只是哲学家的超然态度，他自己和任何党派、利益集团和信仰都是不完全一致的。当然，这种可能的超然态度会引起一种众所周知的困难，而且帕累托不善于克服这种困难，因为他没有看到这种困难。实际上他使用了两种不同的分析方案：一种方案可以称作社会形态学方案，它确实引用了许多事实，这些事实至少经得起检验，而且它们与解剖学、生物学的实际材料是相类似的；另一种方案属于社会心理学方案。诚然，这两种方案都被历史和当代的例证所证明，甚至在某种程度上得到了证实，但是这两种方案都不是通过"逻辑—实验"的方法推导出来的。这两种方案在很大程度上只是帕累托个人对社会过程看法的反映，这和帕累托的背景、实际经验和愤怒情绪有很大的关系。社会形态学方案和达尔文的物竞天择理论的相似之处，社会心理学方案和塔尔德、涂尔干、累维·布律尔及雷布托的相似之处，都是十分明显的。两种方案与本章第一部分提到的思潮的关系更是如此。上述思潮对议会民主制的所作所为提出了批评——这种思潮是反理智主义的、反功利主义的、反平等主义的，并且按照这些术语所确定的特殊意义，是反自由主义的[1]。虽然如此，这位杰出的经济学家从这些资料里创造了一些属于他自己的东西[2]。

　　社会形态学方案的中心主张是：一切社会都包括大量不同类的成员（个人或家族），而且是按照这些成员对于相应社会作用的才能组成的。在盗贼的社会里，极不平均的偷窃才能决定社会的等级，从而影响这个社会的政府。帕累托似乎认为，这些能力可以增进或减退，但本质上是天生的，虽然帕累托很少去证实这一点。然而，虽然这些能力持续地分布在全部人口中，但它会导致阶层的形成，其中较高的阶层拥有和使用能巩固自己地位，并把自己从较低阶层中分离出来的手段。这样，最低级的阶层就具有积累较优越上升能力的趋势，这种能力原是被阻止的，而在上层人物或优秀分子里，不使用能力就会有逐渐减退的趋势。结果产生紧张局势，占统治地位的少数人被另一批少数人所取代，后者则是从下层社会的优秀分子中涌现出来的。但是这种精英循环并不影响占统治地位的某些少数人的原则，也不能使任何特定社会更接近于平等的理想，虽然在斗争过程中也产生过平等主义的哲学或口号。帕累托使用《共产党宣言》里的第一句话，宣称历史基本上是上等阶级接替上等阶级的过程（《政治经济学教程》，第425页）。但是他关于这一部分理论的表述是极其简单的，给读者留下了太多的篡改机会，因此我不敢确信，我是否正确地论述了他的思想。然而我不得不做这种尝试，因为某些这样的论证是必要的，以便正确理解他的社会心理学。

　　社会心理学的图式集中于非逻辑的（不一定是不合逻辑的）行动这一概念上。这个概念肯定了一个众所周知的事实（特别为经济学家所周知），

　　1　这一附带条件是非常必要的。"自由主义"一词还有另外多种含义，其中一种含义比其他任何词语更能说明帕累托的立场。同样地，我们可以恰当地称他为伟大的人道主义者。但这不是他运用于"致力于薄弱意志方面的堕落的个人"身上的那种含义（《政治经济学教程》，第130页）。

　　2　非常有教育意义的是，我们观察到，不同的人不仅从相同的事实出发，而且从同样的直觉出发，也会得出极不相同的结论。格雷厄姆·沃拉斯是一位正统的英国激进主义者和费边主义者，但他在《政治中的人性》一书中所描绘的画面，并不比帕累托描绘的画面更能迎合政治民主的口号。

威尼斯的街道。图中描绘的是一个年轻的女人独自行走在威尼斯街道上，她披着一条黑色的流苏围巾，这条围巾呼应着来自意大利不同地区的两个男人的轮廓。意大利在很长时间内都处于四分五裂的状态，直到19世纪后期，意大利才完成统一。

即我们每天的大部分行动都不是在进行合理观察并对其进行合理推断后的结果，而只是习惯、冲动、责任感、模仿等的结果，虽然许多行动可能观察者或行动者后来进行了合理化并取得了令人满意的结果。到此为止，帕累托的社会心理学里面没有什么东西是人们所不熟悉的了。可是，人们不熟悉的东西是他特别强调的另外一些事实，即许多行动（我们立即补充上），还有许多信仰，以经受不住科学分析的方式，被行动者和观察者合理化了。更重要的是，有些行动和信仰根本不可能用任何方法加以合理化。如果我们再深入一步，则上面所说的第二点对社会学的重要性就很明显了：帕累托认为，形成这一进程的一切行动和信仰中的大多数属于最后提到的这一类型。现在将社会契约观念作为大家都能接受的一个例证，或者将卢梭的共同意志理论作为大多数人同意的一个例证。根据帕累托的说法，只有在选民集体意志中占主导地位的行动、原则、信仰等才属于这一范畴。《普通社会学》的大部分内容就在说明这一问题。他说得往往很有趣，也很有启发性。

强调说明这一点是符合我们的初衷的，甚至比帕累托本人强调得更多。形成社会（特别是政治过程）意识的、表层的大量思想和概念结构，没有任何经验上的确实性。与它们相关的概念，如自由、民主、平等，都是想象中的事物，就像《伊利亚特》史诗里帮助和反对希腊人与特洛伊人的男女神明一样是想象的东西，它们是被那些常常违反逻辑规则的论证联系在一起的。换言之，从逻辑学的观点来看，它们纯属无稽之谈。这样就形成了一种与边沁的政治哲学完全相反的政治哲学。在进行了一种本质上的严格的实证主义分析之后，他却拒绝得出在实证主义者看来似乎是很明显的结论。虽然政治信条和社会宗教可以促成文明的瓦解，但在帕累托看来，两者之间几乎没有什么差别，它们同时对促进文明的活力做出了不容忽视的贡献。这是一个彻底的实证主义者所持有的极其奇怪的态度，它或许在将来某一时间被当作一个时代意识的范例来引用，这种时代意识摧毁了一种形而上学观念，同时引入了另一种形而上学的观念。这使我想起了我所听到的一些心理学家对一些病人的劝告，即为了获得可能有的疗效，劝告病人培养一种对神的信仰。当然，他认为社会和政治的信条没有经验上的重要意义，以及承认其中一些有助于社会的结合与效率，这两者之间是没有矛盾的。但社会哲学家要是因此就劝告人们采取后一种态度，就会和心理学家碰上同样的困难：一旦他的分析被接受了，那么他的劝告一定是无效的，因为没有任何虚假的上帝可以依赖并发挥作用；一旦他的劝告被接受了，他的分析就必然被拒绝了。

帕累托把我们的想象力所创造的事物叫作衍生物。前面的论证充分说明，它们在历史的进程中是重要的因素。但是帕累托的意见是：这一重要意义是微不足道的，实质上这些衍生物只是把一些极其接近于决定实际政治行为和所有非逻辑行动的某些比较基本的东西用语言表述出来了而已。如果从集团利益的角度来给这种基本的东西下定义，或者用社会生产组织内各集团的社会地位来给这种集团利益下定义，那么至少可以说，我们应该非常接近马克思对这一问题的看法了。实际上，如果我们采取这样的推理方法，则在马克思和帕累托的政治社会学之间就只剩下两个主要不同之处了。一个是，帕累托所明确引用的一个要素只是含蓄地出现在马克思的分析中，即解释一段实际历史和解释特定社会所表现的较强或较弱的社会适应性的重要性，换句话说，解释存在最适宜的或绝对变动性及其阻力的重要性，这种阻力将更好地保证可以被称为政治变动的东西。另一个是，帕累托认为，历史过程与其说是全面的社会阶级冲突的结果，不如说是它们的少数统治者冲突的结果，我们只要回想一下上面对帕累托的社会形态学的概述就够了。在承认这两点差别是帕累托社会学的成就的同时，我们认为它们只是对马克思主义主导思想的改良而已。我可以补充这样的事实：财产关系本身在帕累托的分析中远不如在马克思的分析中那么显著，这是帕累托分析的优点。但是很容易看出，这一点实际上是包含于前两点之中的。

实际上帕累托没有把这一分析路线贯彻到底。在他看来，一组错误的看法（他叫作衍生物）与实际行为的客观决定因素之间的联系是由被他称为"剩余物"的东西提供的。简明起见，我把这些"剩余物"界定为以不太引人注意的方式，复兴旧的"本能"心理学的那些人类常有的冲动，我觉得这可能有不公正的危险。我们不必讨论帕累托所起草的清单，它包括结合的本能、性的冲动等项目，帕累托本人似乎对它也并不是很满意，只要指出对于这类程序明显的方法学上的反对意见就够了。即使对帕累托的"剩余物"和它们的联系及持久性的规律进行更为令人满意的分析，它们仍然只是问题的标签，而不是问题的答案。而且对于所需要进行的相关研究，帕累托也不具备条件。因此完全可以理解，帕累托的研究工作对专业的社会学和社会心理

第二次世界大战。1922年，墨索里尼的国家法西斯党掌握了政权。墨索里尼在第二次世界大战中和德国结盟，将意大利绑到了轴心国的战车上。

学影响很小，而专业的社会学家和社会心理学家对他的整个结构极少有伟大的感觉[1]。

这些缺点和其他缺点都不是决定性的。帕累托的作品不仅是一个研究纲领，也是一种分析。实际上，关于个人、集团和国家所做的一切，必须在比用来表现行动的信条和口号更深层次的事物中找到解释。这一基本原理为现代人上了极其珍贵的一课，尤其是这些经济学家。当讨论政策问题时，我们习惯按照表面价值接受同时代和过去时代的口号；我们精确地论证，18世纪边沁功利主义者的信条曾经是正确的；我们不肯领悟政策就是政治，并且不肯承认政治的本质；我们培植低质的东西，并尽力压制一切有力量、有活力

1　塔尔科特·帕森教授对帕累托社会学的分析在英美社会学文献中几乎是独一无二的。

的东西。在这样的情况下，不论帕累托的见解如何片面，都仍然是一种有益的解毒剂。与他的经济学不一样，它不是一流的技术成就。它是一种极不相同的东西——是一种布道的尝试。

第五章

欧根·冯·庞巴维克

（1851—1914）

现在这位伟大的导师已经离开我们了。即使是那些在私人关系和学术工作上跟他交往甚密的人，恐怕也没有一个能够描述我们大家的心情是如何沉重。没有任何词汇能够表明他对我们是多么重要。我们当中几乎还没有人能够接受以下事实：从今以后，将有一座难以穿透的屏障横在我们与他之间，横在我们与他的思想、他的勇气和他的批判性指导之间，而前面的道路也只能在没有他的情况下走下去。

在描述他的科学事业成就这一工作上，我担心自己会心有余而力不足。或许是因为进行这一工作的时间还没有到来。这一座思想大山离我们很近，众说纷纭的争辩氛围依然十分浓厚。因为他不仅是具有创造性的人物，而且是一位战士——直到最后一刻，他始终是我们的科学中生气勃勃和坚实的力量。他的事业不属于一个时代，也不属于一个国家，而属于全人类。只有在我们大家离开这一领域很久以后，经济学家才会理解他的过人才华，以及他的全部影响。

或许从某一方面来说，特别崇敬他的人是最不适合进行这一工作的。要是我能够以冷静的客观精神来写他的生平该多好，如果读者在下面的叙述中发现任何出于真挚热爱的溢美之词和出于哀悼的追思，我将深感抱歉。作为一位多才多艺的人，作为一位因为自己有许多贡献而得到生活很多馈赠的人，作为一位思想家，庞巴维克不需要任何称颂和悼念——他的伟大足以在没有帮助的情况下站得住脚，并且经得住一切批评。但是对我们来说，能做的只有称颂和悼念。

虽然如此，试图从这样近的距离做一次粗略的描述也是有一定益处的。理由在于：虽然有许多具有决定性意义的东西目前尚无定论，但是也有许多东西让我们至今记忆犹新，而这些东西对那些注定要面对真假难辨的往事的经济史学家来说，是不足以引起注意的。而我们熟悉这个人，熟悉他工作的具体环境，熟悉他写作的领域，熟悉他所阐述的问题在著作中展开的特有方式，以及所使用的材料。关于这一切，最接近他的人了解得最多。把任何科学的现在和最近的过去分隔开来的真空正在迅速扩大，越来越多的从事科学研究的同事会很快弄不清详情细节，而为了更深入地了解，这些详情细节是不可或缺的。

我要谈的仅限于作为科学家的庞巴维克。这个人的剪影到处都一样——在他生活的一切领域里，他的脉搏的强力跳动都留下了痕迹。在这一切领域里，我们都会遇到同样杰出的人物，同样强大的人格——仿佛是一尊用一种金属一次浇铸而成的塑像，无论我们从哪个角度去看都是一样的。众所周知，他不仅是那个时代科学界最杰出的人物之一，而且是政界少有的典范。他的名字与富有成效的立法工作、奥地利财政管理的优良传统，以及奥地利财政政策最辉煌的时代密不可分地联系在一起。他的政治成就和科学工作具有相同特点。作为一位科学家，他在最困难的条件下选择最困难的任务，从不考虑能否获得称赞或成功。作为一个公务员，他始终面对最艰难的、吃力不讨好的政治任务，即捍卫明智而稳妥的财政原则。即使公共理想是从国家与民族出发，并倡导"国家需要它"这一口号，在奥地利，这一任务几乎可以说也是大多数人所承担不了的。正是他自始至终凭借着同一种高超的能力，同一种创造力和组织力，同一种能够满足任何任务需要和自如地应付当时困难而不厌倦、怀疑和丧失力量的永远旺盛的精力，同一种对或明显或隐晦的事实的洞察力，同一种冷静，同一把锐利的骨刀——一个伟大的争论者需要一个受到许多赞扬的厉害的敌手，使得双方能够进行旗鼓相当的论战。

在政治和科研工作中，庞巴维克的气质都得到了验证：同样的自我克制和深入细致，同样的对本职工作的高标准——这些都令他的下属和学术追随者们深深铭记；同样的不带悲观主义者那种冷漠超然的姿态而洞察各种人和事的本领，不感到苦涩艰辛而进行奋斗的能耐，敢于自我否定而毫不示弱的能力，坚持淳朴又宏伟的有关国计民生计划的志向。因此，他的生活是一个完好的整体，是一种协调一致、从不迷失方向的人格的表现，在任何地方都能凭借其自身的分量来实现自我度量和检验。这是一件艺术作品，简洁而纯正的外形被无穷的、温和的、含蓄的和独特的个人魅力所装饰着。

一

庞巴维克毕生的科研事业构成了一个统一的整体。如同在优秀的戏剧中每段台词都促进着情节的发展一样，庞巴维克著作中的每个句子都是有机体中的一个细胞，是在其心中具有明确目标的条件下写就的。这里没有徒劳无益的尝试，没有模棱两可，没有左右摇摆，而是从容地放弃了一些次要的和仅仅属于一时的成就。在一般作家的著作中，有很大一部分是由于一时冲动而写的短篇作品，即由于外界的刺激而产生的作品，实际上没有什么内容——只是为各地日报所写的短篇文章而已。而他的这些报刊文章是具有特性的，总是服务于某一特定的、明确的目的，绝不是文学或科学的消遣之作。由一种伟大任务所推动的和充满生气勃勃的创造力的个人的优势，在这里展示在我们眼前了，这是一种有着冷静而清晰的头脑的智者的优势，出于知识分子的责任感，他曾放弃了许多临时性的教学工作。而这一整体性的规划已圆满地实现了。他的毕生事业就摆在我们面前、浑然一体、完美无缺。

极少有人能像庞巴维克那样知道自己要做什么，这就是为什么这样容易阐述他的理论。他是一位理论家，天生就会观察事物间的广泛联系并能加以阐释，天生就会牢固地抓住各种逻辑必然性的线索，天生就会体验各种分析工作给内心深处带来的乐趣。同时，他是一位创作者、一位思想的建筑家。对他来说，即便是千差万别的一系列的细小任务，也从来不能使他满意。的确，他是我们学科领域曾经最伟大的批评家。然而他所做的批评工作（它的辉煌、它的影响范围、它的细致入微都是极为显著的）的作用仅在于清除前进道路上的障碍，支持他的实际工作；这种评论本身并不是目的，而只是一项次要任务。

当这位才华横溢的人物开始关注社会经济过程时（这时他大约24岁），他当机立断地选定了自己的起点：卡尔·门格尔。他始终认为自己是门格尔的同盟军，从未企图去建立一个不同的学派。他所走的道路首先经过门格尔所建立起来的结构，然后经过还没有解决的最大的经济问题所处的地带，接着继续攀登新的高峰——在这些地方，他最后将自己的新想法和门格尔的理论合并，成为一种紧凑的结构，一种关于经济过程的综合的理论。为了精心完成、详尽阐明这一结构，他付出了坚持不懈的努力，并奉献了自己全部的卓越才华和伟大活力。对这一问题透彻深入的研究，使他成为整个时代最伟大的经济学家之一。

他给了我们一个兼容并蓄、包容一切的关于经济过程的理论——在古典经济学及马克思的尺度上关于经济生活的伟大理论之一——它是在门格尔理论的基础之上发展起来的，并在一个在他看来还没有得到解决的问题上加以发展。这就是利息问题或利润问题，它是经济学中最困难和最重要的问题。虽然不容易向公众解释清楚为什么如此普通的现象会这样错综复杂，可是它的困难已经由这样一个事实证明了：经过几个世纪的努力，人们并未得到令人满意的答案。它的重要性源于这样一个事实：我们对资本主义的性质与含义的全部认识和态度，都取决于我们对利息和利润的含义与作用的看法。在庞巴维克之前，只有马克思清楚地理解了这一点。这是因为马克思体系的科学核心是围绕利息和利润理论，而其他东西或多或少地都是由它推导出来的。

这就注定了庞巴维克所处的学术环境，是继他的个人气质之后，理解他的主观成就和这一成就客观形式的第二个要素。这一环境对见识渊博的科学家，对具有像李嘉图那样智慧的人，特别是对一个严谨的理论家并不是有利的。例如，在一大群反对者之中，门格尔的坚毅形象是鹤立鸡群的。人们对研究分析的目的完全缺乏理解，为了理解这一点，我们必须记住这一现象：经济学是一门极其年轻的学科，甚至还没有脱离它的幼稚时期。它只经历过一次真正的开花结果，但并不是在德国。庞巴维克天生的分析能力和爱好从未在德国得到过坚定的支持，总是表现得陌生而不受欢迎，没有被真正理解。我们必须记住：德国经济学家的兴趣在于所有实际问题，在于所有行政技术问题，在于社会改革；即使存在纯粹的科学兴趣，也完全是经济史方面的。对于一个理论家来说，这里是没有任何用武之地的。大多数经济专家都缺乏理论训练，而且抱着偏见与轻蔑的态度来看待一个善于分析的人。因此，他们不能客观地评价庞巴维克所获得的成就，甚至无法明确提出有关某个原理的具有连贯逻辑的独立见解，更不用说去理解这个原理的重要意义或去评价作者在主观上的学术成就了。

只有把这一切都记在心里，并且熟悉每一个抽象思维背后的贴切用语，人们才能理解理论工作者的地位和行为——如果不这样，他们的行为在严谨的科学工作者眼中，经常是很奇怪的。这就足以说明为什么新的理论观点总能引起那么大的争论；为什么在分析的道路上，每前进一步都会遇到障碍；为什么每当论点有新的变化时，理论工作者一开始总是需要掌握大量的关于问题最基本方面的素材，否则很难会有几个读者能够领会，同时这也说明了为什么要不惜代价地对每个细节精雕细刻。在那个时候，甚至现在，每个理论家都只能依靠自己，总是有被误解的危险；他必须亲自烧制结构中的每一块砖，他从读者那里只能得到相当危险的误解，而且这种误解时常发生。现在，精密科学方面的科学家们，已经不能想象自己处于这样一种地位了。例如，一位数学家完全不可能想象到：他在向不定积分问题进军之前，不必首先经受读者对有关算术的基本问题的曲解。把这一切记载下来，使所有将来的人对于这种情况有一个印象，这是与这一时期极为接近并且了解这一时期的当代人的任务。这是对经济学中一切伟大的斗士与改革者进行历史评价的一个基本要素，也是了解他们的必要条件。有人在评价科学阵地上的先驱者时，经常忘记这样的事实：先驱者是打头阵的，而评价者是站在他们的肩膀上说话的。

庞巴维克，奥地利经济学家，奥地利学派经济学说的全面发展者和主要代表人物之一，也是新古典经济理论的主要传播者。庞巴维克为新古典经济理论取代古典经济理论而占统治地位做出了许多贡献：他发展了资本与利息理论，并解释了实际利率必须是正数的原因；他是首次将时间因素与经济学分析相结合的经济学家之一；还发展了由时间因素扮演关键角色的经济学。

庞巴维克的成功是来之不易的。曾经有很长一段时间，他的成就不如他的同事们，而那些同事的成就和他的成就相比，更多地不在于方法上的优越，而在于更加显而易见。的确如此，在他对自己研究的主要问题给出答案以前，他首先必须向科学界表明这一问题是什么性质的——对许多人来说，甚至他还要证明确实有这么一个问题，必须要在长期的争论中保卫他的理论体系的基础。他发现自己面对着这样一些反对者，这些人认为从方法学的角度来看，对许多孤立的事实进行抽象研究是不可能的。当时，在这方面既没有一批志趣相投的学生，又没有吸引一群科学家或培养一批他个人的追随者，他取得的研究成果却更加引人注目。取得这种结果只是通过他的书面论证的力量，没有追求文字的华美，没有求救于舆论，没有新闻上的宣传，没有依靠学术界的关系。总之，没有任何这类意义上的东西，它们在特定的场合也许是不可避免的、情有可原的，但与科学事业的最高理想相左，同时没有造成辛酸或纠缠于个人的争论。

对他来说，作为研究院的领导人从事平静的、富有成效的教学活动的时间只有11年（1904—1914年），即在他三次担任奥地利财政部长之后。从1880年到1889年，其在因斯布鲁克的科研环境对于培养一批愿意把理论经济学中一个特殊的领域作为毕生事业的追随者的目标来说，显得太狭隘了。特别是在一个法律系里，学生们主要倾向于学习法学，因此以经济理论为专业的门生就更难以训练出来。在他担任维也纳大学名誉教授期间，对他来说正是开展实际活动的时期，虽然这种实际活动从来没有全部占据他的思想，但大大地分散了他的精力，使他不能全身心投入科研工作。在1904年之后，他才开始开展我们大家永远不会忘记的那种活动，并开始主持夏季学期里一系列的讨论班。

一

我已经说出了庞巴维克的科研目标，并指出它的特点是对社会经济过程的一般形式进行分析。在讨论他的个别成就之前，让我们先简单地探讨一下他完成任务的方法。其中，我们将重点介绍其计划的统一性和实现计划时令人瞩目的一致性。

浮现在他眼前的社会经济过程的全景停留在一些像物理学原理一样简单、朴素的原理上。它们也像物理学原理一样，可以扩展成几页的文字叙述，必要的话用一页也可以，但是没有谁为这样的说明做很多工作，因为它们的丰富成果，甚至真正含义，只是在像灌木丛一样密集的经验世界的琐事中获得的。由于他那个时代的经济学缺乏一种共同的意见，所以庞巴维克发现必须向公众提出他所使用的每一种假定和方法，以及他的理论链条中的每一环节。为了扫清障碍以便构建他的理论结构，在前进道路上的每一步他都必须进行战斗。而且，这一体系包括许多容易混淆的且很容易引起争论的观点，特别是与他的主要研究方向有关的观点，即有关利息和利润问题的那些观点。对他来说，除了需要加强他从门格尔那里所继承的基本原理以外，还需要排除二十多个关于利息理论的论述。这一做法不仅对他自己争取群众是必要的，而且可以证明这些论述是错误的（这本身就是一个很大的成就），这也是他的实证理论的前提条件。

即使是最简单的基本概念也颇具难度。对于一个有创造力的科学家来说，定义是次要的东西。各种新见解的产生最初总是简单的，它们是突然出现的，没有一个人知道它们是从哪里或怎样到这里来的，只是在应用它们时，定义才会显得必要。当然，在描述这些见解时也需要用到它们的定义。庞巴维克把自己卷入后一项任务，参加了历时许久的关于有价物品概念的争论。他的第一部著作《从国民经济财富理论的观点来看权利和关系》（因斯布鲁克，1881年）研究了这一问题。在以特有的审慎而明晰的思路解决了这一问题之后，在建构自己的体系之前，庞巴维克勇敢地面对两项最重要的任务。任何经济学体系的基本解释性原理始终是价值理论。经济理论涉及的事实是以价值的形式表现出来的，而价值不仅是经济世界的原动力，也是使这个世界中的各种现象具有可比性和可度量性的形式。理论家对经济世界的看法决定了其对价值现象的看法——在这里，坚固的基础是基本要素。第二个准备任务是与利息和利润理论有关的：多余的枝蔓应该首先去除掉，同时需要向人们指明，这里存在一个没有解决的大问题。

对于这两项任务中的第一项，问题的关键是要保卫和阐明门格尔的学说。于是，庞巴维克于1886年发表了两篇论文，对价值理论做了恰当的说明，这一成果必将与我们的学科共存亡。通过这一阐述，庞巴维克为他的实证理论铺平了道路，并在理论经济学新的奠基人中赢得了应有的地位。从那个时候开始，庞巴维克的名字和边际效用理论就紧密地联系在了一起，因而他的追随者和反对者都开始提到"庞巴维克的价值理论"。在这些论文里，实际上已使这一理论成了他的特色理论，因为任何学生都不能写出这样的理论来。他的原始贡献非常多，我只提两点。他给予价格理论以特定的奥地利形式，和门格尔的理论在这一领域的其他部分所表现出的形式截然不同。此外，对外界的责难，他采取了独特的解决方法，这一点以后再提及。

庞巴维克始终是主观价值论的警惕而有权威的保护者，他多次进行关于它的争辩。这件事是他的事业的一部分，否则其生平事业是不稳固的，具体内容也是不完全的。这只是他的个性的合乎逻辑的产物，他不能忍受任何没有经过反复推敲和证实的论点持续存在。他觉得必须不断进行研究，来消除每一个可能的理论上的疑点。没有哪个具有创造力的科学家会津津有味地反复讨论那些已经得到满意答案的问题。如果不掌握有关这一成就的资料，我们将显得才疏学浅，因为它在经济学文献中是无与伦比的，是名副其实的分析工具的"兵器库"。

当《经济财物价值理论纲要》问世时，成就作者的声誉就成为第二项准备工作了。这一作品是作为他的主要著作《资本和资本利息》的第1卷出版的，即《资本利息理论的历史与批判》[1]。这是经济学领域最伟大的一部批判性著作。它一经出版就得到了广泛重视，但是随着时间的推移，来自同行的毫不掩饰的称赞和喝彩，与被这本书的深刻思想所深深影响的人向它表达的敬重相比，就显得无足轻重了。这部作品是创造性分析的不朽著作，是科学道路上的里程碑，它提出了一系列对利息理论的批评，每部分都是理论精华，每部分都是无与伦比的精雕细琢的艺术品。这部作品既没有描述每个理论产生时的社会和历史环境，又没有任何哲学的装饰或借由概括性的统称所做的解释说明。即使是关于中心问题的思想史也处于次要地位。作者只从许多可以开展的工作中选取了一项：他集中于一个又一个的利息理论，每一个只考虑它的基本内容。他卓越而完善地、重新有系统地对每一个理论进行了阐述，成功评价了它的实质，而且只使用了几个简单但具有决定性作用的论据。他以最小的努力，遵循最简洁的路线，并以最美妙的剪裁处理了一个又一个理论。他在细致地揭露错误的原因之后，继续在他的道路上前进，不少说一句必要的话，也不说一句多余的话。人们能够从它那里更好地学习如何

1　此书的英译本为《资本与利息》，中译本已由商务印书馆出版，是根据英译本翻译的，因此也题为《资本与利息》。——译者注

牢固地掌握主要内容和如何抛开没有关联的内容。在这一点上，没有任何书可以与之媲美。

在经过系统化和细致的准备之后，《资本实证论》作为《资本和资本利息》的第2卷出版了（序言的日期是1888年11月，出版于1889年，威廉·斯马特的英译本出版于1891年）。也许从书名来看它的内容是比较局限的，但正如我们已经指出的，这是对经济过程的全面分析，是他一生的杰作，是最能代表他个人努力的成果。不管后世对他的思想体系中的个别环节持有何种态度，他们都不得不欣赏这一伟大的构思并赞赏整部著作所表现出来的锐气。在任何情况下人们都可以肯定：要想攀登经济学的最高峰，这种努力是必不可少的。这种成就实际上已经达到一定的高度，在那里只能看到几座平齐的峰顶。我总觉得必须把庞巴维克和马克思进行比较。这看起来也许有点奇怪，但也只是因为马克思的名字总是被高涨的政治热情所围绕，而且他的体系因有一种与众不同的气质而显得灵动深刻。马克思的名字和社会运动及相关的用语是分不开的，这可显示出他是什么样的人，并使他在广大群众中产生了更深远、更广泛的影响，但这也模糊了他的真正科学成就。而庞巴维克仅仅是想当一位科学家。在他的园地里，连一片树叶也没有被政治风暴所扰乱。他没有用任何言辞损害他的科学思维，并且避开了社会学的背景，因为就我们学科的状况而言，这种背景可能会使许多对此有兴趣的人安于艰辛的脑力劳动。他的作品提供的不是一个通常意义上的讲坛，不是一件装饰品，而是线条和内部结构完美无缺的古典形式——这是放弃了问题表面任何会把他引入歧途的东西之后的结果。虽然马克思和庞巴维克在生活、信念上不同，二者作品的许多方面也有所不同，但是他们作为科学家，相似之处还是很明显的。首先，他们有着同样的研究对象；其次，他们所遇到的契机及研究所处的学科状况也颇为相似。例如，他们对利息与利润问题压倒一切的、相似的观点，迫使他们都把这一问题作为他们分析社会经济进程的出发点。他们都借鉴别人的观点，将其作为自己分析的基本观念——门格尔之于庞巴维克就像李嘉图之于马克思一样。他们运用相似的方法工作，并以相似的步调前进。他们都构建了一个理论大厦，它的富丽堂皇，只能用这样的说法来表明：任何批评，无论其对具体研究对象的反对如何有效，都无法从整体上贬低这个理论体系的有效性和重要性。

但是《资本实证论》的关键部分给学术界留下的第一印象并不深，即对这部著作的初步印象没有对其批判部分的印象那么深。这部著作只是慢慢地在经济思想的土壤上扎根。这是理所当然的。像庞巴维克的《资本实证论》这样强有力的有机整体，只有对其内部结构进行较长时间的研究才能充分理解。它对非理论家来说，无异于对牛弹琴；对行家里手，则促使其深入一个全新的思想领域，尤其是在1889年。由于这个原因，它的起步阶段是十分艰难的。即使今天，许多赞扬他的人仍然把它排列在次于他的其他作品的位置上，特别是次于《历史与批判》；而这一领域中许多专家的评论都纠缠于细枝末节。无论如何，虽然这部著作的伟大实质即便到今天仍没有被充分认识，但它无疑已经成为一部权威著作。任何打算开展理论工作的人都不能避开它。它是所有理论家的工具箱里必不可缺的东西，并且已经成为我们这个时代有独创性贡献的著作中最成功的一部。

该书的第2版（1902年）没有对第1版进行任何修订。但是在1904—1909年期间，庞巴维克全力以赴地对全书进行了彻底修订和更新。他在经过五年的艰辛工作之后，检查了他的体系的"每个部分"（参阅第3版序言），再次把它展现于公众面前，而且保留了书中所表达的基本原理。然而，这一版是一本新书：只有很少几篇完全未做修订，其余各篇都增加了内容，而且有许多重要的增补。另外，几年的自我检查使他能更透彻地讨论许多问题，甚至比在正文中能做的改动还要多。这样，除了两个附录以外，他还增加了12个"补论"。虽然它们都是正文和批判注释的扩充，但其中许多是独立的专论。它们使这本书成为经济理论的一个纲领，也许可以这样说：他正是以这种方式和态度去完成自己毕生的事业的。

然而，有一个结尾部分没有被加入该书中，尽管他为此做了长时间的计划。他在最后一篇论文《是权利还是经济法则？》里向我们呈现了这个部分。他常常碰到这种口号：一般的经济过程，特别是社会产品的分配，不是由纯粹的经济价值现象决定的，而是由阶级的社会力量决定的。虽然这只是一个口号，但得到了很多人的支持——在我们的领域中，不能低估口号的力量。而且，这里确实存在一个真正的问题，要想保证自身体系的牢固，他对这一问题就必须有自己的主张。他做到了这一点，同时分析了工资理论的重要问题。对我们来说，这篇文章之所以重要，是因为它包含了许多关于进一步研究方向的暗示，包含了对不计其数的细节问题的提示。到目前为止，这种细节的轮廓已经在有关遥远将来的朦胧憧憬中展现出来了。

三

　　根据奥斯特瓦尔德的分类法，庞巴维克必将被称为典型的"经典作家"。这完全符合他的写作风格——直截了当、朴实无华、审慎含蓄。他让他论述的问题说话，而不让他本人的激情分散读者的注意力。他的作品在文学形式上强大的美学感染力正在于此——它注重基础观念的逻辑形式，准确但毫不夸张。同时他的文体又极具个人风格，他写的任何一个句子，无论在什么情况之下出现，都可以被识别出来，因为他的文字构造总是具有一定的规律性。他写下的句子就像一块块被切割得十分精美的大理石，往往较长，但有条不紊。官方和行政用语对他的影响也在他的作品中有所流露，甚至还有司法的文体和用词，但这无伤大雅。正相反，它表明官方语言在风格上有其自身的特点，只要运用得当，还是颇有成效的。他说明问题的表达方式和"火候"总是恰到好处：在展开论证时周密、冷静、充满热情，在决定性的段落和总结概述部分语言尖锐。庞巴维克不愿使其评论在结构上含混不清，因此将各个段落间的界限都明显地标示出来。他的作品中没有文字游戏，也极少有他在私人接触中常常喜欢说的那种打趣式的俏皮话——我不知道还有什么比"打趣"更好的词来描述它了。而在最严格的范围内，他所使

两位身穿阿尔卑斯山地区民族服装的妇女。生活在奥地利、德国、法国等国家的阿尔卑斯山地区的人们身着拥有鲜明地域特色的民族服装：深色呢子外套、白衬衣、皮短裤和粗线长袜，突出男性的刚毅与强壮，成为当地男子的标准服装；而宽袖低领衬衣、色彩明亮吊肩长裙以及鲜艳的长围裙，则成为女性的典型装束，在彰显身材的同时也使她们显得更加精干和柔美。阿尔卑斯山地区的居民一直为自己的传统民族服装而自豪。

用的表达方式屡屡受到修辞的影响，他善于避免使用那些老派的辞令，总是能创造出令人难忘的字眼儿或词句。

四

用几句话就足以说明他的方法论的特点。他的工作方法在他得心应手的使用中显示出了超凡的力量，这一方法是由他所论述问题的性质和个人倾向所决定的。他的问题是描述那些表现在任何时间和任何国家的经济制度里的最一般的法则。这类法则之所以普遍存在，是由于经济行为的本质和决定这种行为的客观需要。因此，这一问题所要求的任务主要是分析性的。也就是说，这里提出的不再是搜集事实的特殊任务——经验表明，经济生活的有关基本事实，我们可以从日常生活的实践经验中轻而易举地获得，并且它们到处重复出现着，至多不过形式不同而已。无论如何，搜集材料的工作与动脑消化这些材料并揭示其所包含的意义相比，已经退居次要地位了。由于我们感兴趣的经验因素在心理上是相互独立的，而且很多问题是抽象的、不相关联的，所以这项工作还不能完全取消。这样得出的理论的确是抽象的，正如任何理论一样，是用许多假定把它和眼前的现实分隔开的，但它又像物理学上的理论一样，是现实的和以实验为依据的。诚然，当问题涉及这一理论的应用或进行具体的调查研究时，系统地搜集新的真实材料是必不可少的。但是因为庞巴维克的问题是描述经济过程内在逻辑的整体轮廓，并且他既不应用这种理论，又不关心详细的经验式的调查研究，所以他的方法是理论分析的方法，是真正的思维的方法。

庞巴维克的兴趣在于问题及其结论，而不在于方法的讨论。这位天生的科学家，在对待每一个实例中的每一组问题时，那种出于方法论上的需要而写的专题论文自然是不合他的口味的。因此，关于方法问题，他只是偶尔写一些东西。他的见解的精华是在主题上，可以说在他研究方法论的最初两个地方所表明的，他对这一问题的基本意见毫无疑问是，"对方法问题写一点儿或毫不提及，取而代之的是用更多的精力去运用更加行之有效的方法"。他在当选为社会学国际协会的主席时，在第3本著作中对协会成员中的一些法国社会学家，给予了方法论方面的告诫。这些言论发表于法文版《社会学国际评论》（第20期，1912年），题为《关于一个老问题的几点不太新的意见》。这篇文章语言优美，表达方式沉着而诚恳。这篇文章在其他方面也值得注意，尤其是里面很有分量的、极为恰当的警句，即如果社会学不能很快找到自己的"李嘉图"，那它必然会产生自己的"傅立叶"。最后，在增添到《资本实证论》第3版里面的《价格理论的任务》中，还有关于方法论的一节。在这一节中，他与那些否定一般价值理论可能性的德国理论家展开了争论。

这一切著作都有确定的防御性目的：它们不是为了它们自身而写出来的，同时，庞巴维克不打算使它们成为认识论的调查研究工具。一位主要关心结论的人是不会有时间做这些事情的。顺便说一句，这对有些学者来说，可能也是一桩乐事，但他没有尝试去精心设计这样的表达方式与表现形式，这可以由他在我们学科中的地位得到解释。他是这一领域的开拓者之一，对他来说只有问题的本质才是他所关心的，他能够并且一定会把"精雕细琢的工作"留给后来的人。他是一位建筑设计师，不是内部装潢师；他是科学的开拓者，不是沙龙科学家。因此，他对一个人究竟能否真正说出原因和结果，还是只能说出函数的关系，并不十分关心。因此，严格地说，人们用绝对小所描述数量之处，他会用相对小来描述。所以，他使用"边际效用"这一名词，既用以指一种微分系数，又用以指这一系数和一种数量因素的乘积。他未能详尽透彻地指出效用函数的形式特征，使得他的边际效用理论缺乏足够的说服力，并且他的价格理论和洛桑学派学者的价格理论比起来，就像是一个古老的人物和路易十五的朝廷大臣相比较一样。关于函数形式的假定，他是通过列表以数字的形式表达出来的。但这一切都无关紧要，将来的人会进行必要的琢磨。对他来说，生死攸关的问题是那些基本原则，他对这些原则的论述、发挥比在其他方面所取得的成就更出色、更有成效。他的价值理论至今仍是我们所掌握的最好的理论，恰当地解决了一切根本性问题和所有的基本困难。

在这方面，他对社会学的态度更具特色。其原因一部分出于开发新领地的需要，一部分是因为这一方面的困难最小，经济学家们蜂拥而至，而这种科学界的"人口迁移"现象说明了德国经济学中的许多问题。庞巴维克没有被卷入这一潮流当中，他只想当一位经济学家，其他的事都无足轻重。作为一位经济学家，当他看到一些相关学科（它们的方法和内容水平远在经济学之下，就像经济学远在自然科学之下一样）抢去了如此多的人力，并且带来了那些被专家所诟病的写作风格时，他对经济学的发展感到了担心。他过于认真了，以致不能理解在上述情况的刺激下也能带来充分的补偿，因为这些刺激所能影响的也只有经济学领域。而这样做的结果是，对于那个时代形形色色的社会学学派来说，他始终是个局外人。他很清楚，任何严肃对待真正成就的人，必须把自己局限在狭窄的领域里，承担公众说他只是一位专家的非难，而不能轻易地从一个领域转到另一个领域。

　　写到这里，正好提及一个事实：他几乎从不参与讨论当代时事问题。他对任何政治立场都采取敬而远之的态度，他的作品不带有任何党派的印记。在实际工作中，他研究了许多时事问题，处理了大量的实际问题。但据我所知，作为一位科学家，他对时政问题只写过《我们的消极的贸易平衡》一文，于1914年1月6日、8日和9日在《新自由论坛》上分3次发表。通过这一论文，他表明了自己是这方面辩论的专家："货币流动的威胁在多数情况下是有影响的，这种影响（即使微乎其微）是现实的货币流动所必然产生的""要实现国际收支平衡，就必须做到贸易收支平衡，除此之外，再没有其他的途径""据说（也许这是真实的），在这个国家有许多平民人不敷出。不过这是必然的，因为在某些时候，我们有相当多的公共部门也入不敷出""金融政策是政治的替罪羊"……没有一个人能否认，作者如果不是对这个论题十分关心或了如指掌，那他就是从事这项工作的最伟大的天才。然而，他始终不参加时事问题的讨论——因为这些讨论受实践中有争议问题的支配，受读者水平的限制，经受不了较长的论证、较深入的研究和较精细的方法。它们使科学降低到日常辩论的水平，即降低为过去两百年来一直没有变样的论证。这些讨论针对的是"瞬时生产"，一种和没有机器的经济生产相类似的生产。为了快速进行讨论，理论家放弃了休息时间，放弃了安心开展研究工作的时间——这些讨论充其量只是现有知识的应用。但它们是迷人的，并且经常由于政治热情的高涨而闪闪发光，因此一些经济学家花费了自己的全部时间，另外的大多数经济学家也投入了相当多的时间进行这种讨论。这是我们的领域之所以进展缓慢的原因之一。庞巴维克是为将来的若干世纪工作的，或许现在看来仿佛是"玩智力游戏"的工作，将来便能产生实际成果。庞巴维克知道，这就是他的职责，所以不为一切诱惑所动，随遇而安，任人评说。

五

根据我们对他的著作的考察，有一点是十分清楚的，即他的经济学理论的结构及全部成就和主张，可以通过仔细研究他的《资本实证论》来加以论述。下面我就做一番尝试。

按照理论经济学这一术语的本来含义，在这部著作中只有少数几个理论经济学问题未被纳入。根据我对它的理解，省略的问题如下。

（1）社会经济生活的基本过程可以通过一种孤立的经济的模型来加以表明。虽然存在涉及几个经济彼此之间关系的一个理论，但是它并不能帮助我们了解社会经济过程的本质。这一本质是庞巴维克所关心的，他总是将一种孤立经济作为研究对象来进行研究。这样一来，国际价值理论在他的作品的主体里根本找不到，但是上面提到的1914年的3篇论文包括了对这一理论的贡献。

（2）这几篇文章中还包含他对货币问题的几个简短观点中的一个，即关于数量理论中存在一个"破坏不了的"真理的"核心"的评论。可是，他并没有向我们提出一种货币理论。在击败了早期的金银通货主义者和重商主义者的观点之后，经济学界在几乎没有任何反对派的情况下接受了这样的观点：货币（经济的核算工具）只是一块面纱，它蒙住了一些经济过程，但没有影响它们的基本性质。对于这种意见，庞巴维克表示同意。

（3）《资本实证论》也没有专门探究那些在理论上只是价格和分配理论的应用的那些问题（征税的影响范围、垄断理论、政治干预分配过程的理论等）。但是《权力还是经济法则？》这篇文章包括了对罢工能否永远提高实际工资水平的调查研究。同时，应当指出：这篇文章作为应用经济学的一个尝试，代表了奥地利学派最初的成就之一，是进行此类研究的范例。

（4）另外，《资本实证论》也没有提到关于经济周期的问题。当我们研究庞巴维克唯一提到这一问题的地方（在关于伯格曼的《国民经济危机理论史》的评论里，载于德文版《国民经济杂志》，1896年）时，就能找到他这么做的原因了：他好像持这样一种观点，即经济危机既不是内部生成的，又不是一成不变的经济现象，确切地说，它从原则上讲是经济过程偶然失调的后果。

（5）在经济理论体系里有一个舶来品，它从重农主义时期以来一直在流传，就是人们所说的"人口问题"。当然，在《资本实证论》里，或在庞巴维克的任何其他作品里，都没有提及这一问题。但是人们看到以下这一点也许会产生兴趣：当在《是权力还是经济法则？》一文中附带提到这个问题时，庞巴维克不言而喻地将自己放在了马尔萨斯拥护者的行列中。

除了这些情况之外，《资本实证论》是经济理论的整个领域的说明。价值、价格和分配是起灯塔作用的三座尖峰，其余所有的东西都围绕在它们的周围，尤其是有关资本的理论。

社会学的结构只是被含蓄地提到，庞巴维克再三说他只研究经济过程的内在逻辑。可是他相信，他所关心的那些基本要素是如此重要而有力，以致在任何现实场合中都可以感知到它们。关于这些因素的确切界限的问题，如阶级结构及其经济功能的问题，种族差别的影响问题，在现代经济学中深深扎根的推理演算的起源问题，市场现象的起源和社会心理问题——在他的研究中都不涉及，因为这对他来说只会与主要理论相脱离。我们会发现，某一种经济的各种要素都被简单地分类，列入工人、地主、资本家及企业家的范畴中，分类的依据仅仅是他们各自的经济功能。由于忽略了这些人的各种超经济的关系，所以对于这一调查研究来说，人的实体意义仅仅在于他们是工人、地主、资本家和企业家——他们的重要性仅是（如果可以这样说）其各自立场的逻辑关系的典型代表。

首先，工人和地主是以通过占有以他们的名称所表示的那种生产要素，以及他们的经济功能为主要特征的。如果不想让分配理论遭到误解，有一点必须着重指出：归根结底，在分配过程中得到最终收入的不是工人，也不是地主，而是劳动和土地本身。因此，借用庞巴维克在他最后的作品中以赞许的口吻提到的美国式说法，问题的焦点是"功能的"而不是"个人的"分配。如果试图在他的作品中寻找为这种收入分配"做辩解"的倾向，那将会大错特错。

工人和地主依靠由他们的生产资料所生产出来的产品维持生活。但是他们不是依靠在任何特定时期正在生产的东西维持生活的，而是依靠以前生产出来的产品维持生活的，他们当前的产品还没有达到可以消费的阶段。供应这一生活资料是资本家的功能——这样，工人和地主可以说无论在何时何地都是依靠资本家给他们提供的产品维持生活的。这一点适用于现代资本主义经济下的工人和地主，也适用于原始的掘树根人和猎人。企业家的形象在庞巴维克的理论体系中并不突出。企业家作为经理人和投机者的功能的确曾被提及，但是在大多数情况下，他们的出现是由于其经常具有但并非必须具有的那些特征，即以自己的资本来经营的资本家、企业家的特征。

像庞巴维克所想象的那样，虽然社会经济过程的主要特点已经可以详细地勾画出来了，但是资本的作用需要更密切地注意。

庞巴维克的《资本实证论》正是以此为开端的。他在引言里告诉我们的第一件事情就是要对这个问题的两个根本不同的方面加以区别，因为把这两个方面相混淆是通俗和科学的讨论中经常出现的一个错误。这两个方面是资本作为生产手段的问题和资本作为净收益的来源问题。最容易的做法无非是把两者之间毋庸置疑的关联本身看作利息理论，并且简单地说：资本是生产所不可缺少的东西，因此能"提供"净收益，正像"杨梅树"这种生产手段能"提供"杨梅果一样。这是一些基本错误的根源，为纠正这些基本错误，庞巴维克曾进行过不懈的战斗，并成功地把它们排除在科学讨论的范畴之外，从而使这种幼稚的形式从为数众多的令人尊敬的经济学家的论述中消失。庞巴维克在其著作的开头部分反复强调了这一点，然后就转向关于生产资料的资本理论。克制那种详细描述他的论点在逻辑上的优势的诱惑是很困难的，不过在这里只要说一点就足够了：庞巴维克是从调查、研究生产过程的性质开始的。而《资本实证论》的第一节虽然所研究的问题都是人们现在极少讨论并且不会引起很大兴趣的，但它的魅力在于向人们暗示了下面所讨

维也纳的奥地利国会大厦。它是由著名建筑师特奥费尔·翰森于1873年建造的。为了象征民主来自希腊，建筑师专门采用了古希腊的建筑风格：立面采用科林斯式柱头，三角檐雕刻着弗兰茨一世皇帝向17个民族颁布宪法的场景。议会大厦前高达4米的喷泉雕像是雅典娜女神，基座旁的雕像象征着奥匈帝国的四大河流：多瑙河、莱茵河、易北河和摩尔多瓦河。

论的内容的指导性主题。

生产是对物质形态的改变，其目的是使生产出来的东西能够满足我们的需要。这一对于经典作家来说并不陌生的概念，是庞巴维克在论证过程中的第一个基点。如果劳动不是直接用于生产马上就能消费的物品，而是首先用于生产不能消费的物品，再在此基础上更有效地生产最终用于消费的产品，那么，在这种情况下，同样的原始要素的投入量能产出较大的总产量。也就是说，生产是用迂回的方式进行的——他关于这一点的论证目的可以更完善地达到。这就是工具的经济哲学，是他的作品中的第二个基点，或者一般来说是关于"生产出来的生产资料"的经济哲学，也是它们的生产功能的定义。虽然这一观念本身既不真正具有创造性，又不复杂，只是由庞巴维克进行了系统的叙述，但只有他充分地利用了它的理论意义，特别是在有关时间要素的处理上，这一要素是阻碍经济过程分析结构的基本困难的大部分来源。

作为这一概念最重要的副产品，"资本主义的性质"这个概念应运而生。当然，当我们使用这一名词时，所思考的现实自然有着五花八门的解释，不仅仅有科学的、政治的和伦理学的解释，还有来自科学领域的社会学、社会心理学、文化分析、历史学的各种不同的解释。但是对于庞巴维克来说，纯粹经济学要思考的问题只有一个：资本主义的纯粹经济特征。他的解答是：资本主义的生产就是"迂回的"生产，与此相反的是直接生产，即无须使用生产出的生产资料即可完成的生产，如原始狩猎。因此，资本"只是发生于迂回生产方法各个阶段中的中间产品的总和"。这实际上不仅仅是一个定义，已经升级为一个理论，并且理解它具有重要的意义。当然，它并不否认现代经济制度和过去的经济制度具有重要差异。同时，它也不否认社会主义经济的经济过程与资本主义条件下的经济过程是迥然不同的。但它可说明：所有这些科学和社会的批评加在资本主义现象上的特征与资本主义生产过程的经济本质是毫无关系的。尤其是生产资料和固定资产中的私有财产、雇佣劳动制度、商品生产等，都与构成资本主义生产过程的事物的本质不相关。这一观点的重要含义是：在经济里也产生资本纯收益。当然，在社会主义社会，这种纯收益不会被私人得到——按照功能分配的观点，无论从哪个角度来看这一结论都处于次要地位。因此，几乎每一个生产过程都是"资本主义的"，只是或多或少的问题。

在这一点上，庞巴维克暂时停下他的论证，转而考虑"关于资本概念的争论"。就他自己的资本定义来说，关于资本主义生产过程的看法是具有决定性意义的。然而，从这一概念出发，他还可以把另外一些东西定义为资本，即作为消费资料的供给或经济中的维持生活的资源，它是对迂回生产方法的一种非常必要的补充，因为这些迂回生产方法的生产能力显示出了它对利息问题的重要意义。

在论"作为生产手段的资本"的第2卷里，我们重新被引向在第1卷第1节里已经得出的结论：土地和劳动是基本的、原始的生产要素，资本从经济学意义上说是由这两者所组成的，因此，它不可能是独立的要素。这个结论所蕴含的道理简单易懂。它从前曾由威廉·配第爵士以凝练的形式提出过，但没有人认真地对待它，没有人认识到应该进行认真的分析，以便让它起到一种有用的工具作用。总之，没有人承认它在理论上的有用性，或系统地运用它，借助它获得重要的认识并简化分析工作。经济思想史中有三种思想是和它相背离的：重农学派的思想，他们认为一切有价物品最终都是由大自然生产的；古典学派的说法是只有劳动才有生产力；部分古典学派——更主要的是其继承者，认为资本是第3个独立的生产力。这样一些说法都不能说是错误的，就它们本身来说，它们是完全正确的，但它们所得出的结论毫无实际作用，尚未成熟。问题不在于这种基本的假定命题的"正确性"，而在于能够从很多可能的、无可非议的和有启发性的主张中，有效地选择他的出发点。庞巴维克的成就就在于使这一切事物踏上轨道，使其具体化，对其进行选择，并发展了那个假设，使我们顺利地超越一切浅薄的认识，在深入观察和拓宽视野两方面都取得了最好的成果，尤其是分配理论，它通过土地与劳务的完全对应及它们与资本的并列展示了自己的特征。

下一个步骤在于果断地运用迂回生产的概念来论述时间要素。迂回生产比直接生产能生产更多的最终产品，但只有在更远的将来，它才是"耗时生产"。庞巴维克对这两个要素所采用的结合方式，对时间要素的引入，以及对不变资本特征的观念完全是独创的。要公平评价它所代表的分析方面的进展，我们最好回顾一下李嘉图和马克思的观点。李嘉图与马克思一样，把问题的焦点集中在不同工业时期长短的差别对于他的（劳动）价值理论的影响上。他们两个人都试图根据问题出现的不同形式，利用不同的方法来揭示这种影响是微不足道的，并尽可能压制那种对两者都有致命影响的东西。这两种要素的伟大结合，时间和增加的报偿的分开与合并，就使提出"关于时间在生产中的作用的前后一致的理论"和说明时间的特殊双重作用成为可能。这引导人们深入理解经济过程，同时更加接近资本净收益问题。

在庞巴维克看来，这一净收益必然一方面是迂回生产提高的技术生产力水平对于价值形成影响的结果，另一方面是它的成果必然延期的结果。这样，接下来的唯一问题是：净收益是如何产生的？要回答这一问题，我们就必须研究这两种事实所符合的价值理论。

这种研究实际上就是下一步。但在此之前，我们首先必须解决一些其他问题。作为迂回生产有提高生产力水平的作用这一原理的最直接的发展，庞巴维克提出这样的主张：延长生产周期能进一步增加最终产品，但增幅是递减的。为了确定在生产中使用递增数量的那些货物的生产时期，庞巴维克提出了"平均生产周期"概念。在这里可以提及一些能够引起读者兴趣的结论，例如迂回生产概念的概括化，以及由此引发的广泛讨论，但这些我们必须略去不谈，同样也要略去"资本形成理论"，更确切地说是《资本实证论》第2卷最后一节里论述过的比较外在的部分。在这里，我们只强调它的核心：节省消费品，就是节省生产资料，从而生产了资本货物——这是一种使节约过程中的资本形成最终固定下来，而绝不由此出发对利息理论做任何推断的理论观点。

六

现在让我们转而讨论支撑庞巴维克理论结构两大支柱的第二个——价值和价格理论（《资本实证论》第3卷），它和我们刚才谈过的那一点表现出了同样完整的思想线索。我们将把后面的研究建立在这两个支柱之上。

商品和被叫作效用的欲望满足之间的一般关系，可以归纳为对经济行为具有重要意义的东西：当一定数量的某种商品成为公认的一种满足条件（否则它将被放弃）时，我们把它叫作价值（使用价值）。在已知总效用关系的情况下，能否产生价值取决于与我们的需要有关的那个"一定数量"的大小：效用之外，再加上相对稀少性，价值才能出现。借助于效用类别（或效用方向）和效用强度两者之间的区别，并经过对可替代性的仔细思考，庞巴维克得出了（在门格尔的基础上，并在和维塞尔相仿的方向上）如下结论：在每个类别里，欲望的"保险总额"越大——一个人所占有的商品数量越大——边际效用就越少。他也解决了价值自相矛盾问题，即经济的矛盾问题。庞巴维克对这一命题做了以下表述："商品的价值量决定于这一商品可以利用的总数量所能满足的欲望中最不重要的那一具体欲望或局部欲望的重要性。"

接着，庞巴维克对这一总命题做了若干详尽的说明，阐述了有关主观价值问题的一些特殊情况。为了解决这些问题，他使用了一个基本原理（它是价值理论一切困难问题的"总钥匙"）："我们应该从两个角度看待那个按他自己的观点对商品做出估价的人的经济状况。第一，把该商品增加到这个人所占有的货物储备里去，我们观察一下在具体需求尺度表上，满足程度会下降多少。第二，把这种货物从这个人的商品储备里拿出来，我们再测量一下在尺度表上满足又会达到什么程度。这样我们就会明显看出，现在某一层的效用，即这个人最低层次的需要，一定还没有得到满足：这一最低层次表示决定商品价值的边际效用。"在对这一命题加以发展以适应许多特殊情况之后，庞巴维克开始研究可以随便增加的商品的价值这一重要情况。根据这个"总钥匙"，我们也可按照失去这些商品会造成的满足减少的比例来评价它们。在这一例证中，这一减少被假定为由于放弃购买某一数量的商品而遭受的满足的损失，如果最初所考虑的这种商品没有失去，则本来是可以买到的。放弃的商品和失去的商品不一定是同类的，而且往往是不相同的商品。因此，在这一例证中，我们根据"代替效用"来进行估价——这就揭示了一个非常重要的原理。

这一原理首先适用于可以随便再生产的商品的情况，也就是说，从整个经济的角度来看，它几乎适用于一切商品。这种情形以一种绝妙的逻辑与用途可能不止一种的商品结合起来。从这里，我们又解决了"使用价值"和"交换价值"之间的差别问题。

这就为研究"互补品"（根据门格尔的定义，指只有与其他商品结合起来才能产生满足感的商品）的价值扫清了道路。一组互补品的价值是由它们联合创造的边际效用所决定的，因此问题是要由此得出这一组里各个商品的价值。为了研究这一问题，庞巴维克提出了以下规则："……关于整批商品的总价值——它是由联合使用的商品的边际效用所决定的，可相互替代的各单项商品的价值是事先给定的，剩余部分——它根据边际效用的总额变化——则作为不可替代的单项商品的个别价值被纳入这些商品中。"这一命题提出了现代理论的一个基本原则，它可以应用于各个方面，特别是在马歇尔所给予它的"代替原理"这一名称之下。

这一理论的另一应用是攀登高峰的第二步，在这个高峰上我们可以用开阔的视野洞察最深层次的经济活动。生产资料也是互补品，但它们的价值不是直接决定的：我们认为它们有价值只是因为能以这种或那种方式生产出消费品。从主观价值论的角度来看，它们的价值只能是来自这些消费品的价值。然而许多生产要素总是渗入单个消费品的生产当中，它们在生产方面的贡献从表面上看是无法分清的。实际上，在门格尔之前，许多经济学家认为无法区分最终产品的价值中生产资料的可区别份额，由此得出结论：沿着这条道路继续前进似乎是不可能的，主观价值的观念看来是无法使用的。互补品价值理论解决了这个表面上看起来没有希望解决的问题，它使我们能够说出这些生产资料的确定的"生产性贡献"（维塞尔），并为它们中的每一类从其生产应用的各种可能性中找到唯一明确的边际效用，这种边际效用在边际生产率的名义下成为最终生产率。这是现代分配理论的基本概念，是我们解释关于各经济集团的收入的性质与数值的基本原理。

"转嫁理论"（维塞尔）经由庞巴维克而得出了关于它的一种最完善的表述。在应用这一理论的过程中，我们得出了成本法则，作为边际效用法则的一种特殊情况。转嫁理论使得成本现象成为主观价值的一种反映，而成本与产品价值相等这一法则来自价值理论。在这方面，我们的学科中再没有比这更出色的封闭的逻辑链条。

但到此为止，这一切仍然只涉及价值领域。在市场经济机制中，它自身的一切表现形式同样只能由相应的价格理论显示出来。因此，庞巴维克转向价格理论，拓展价值规律的内涵，使之适应买卖双方的行为。他的研究在具有非凡意义的命题（就双边竞争的情况而言）中达到顶点，这一命题成为经济思想史中的著名命题："价格水平是由两个边际对偶的主观估价水平所决定和限制的。"这就是说，价格水平一方面是由"最后的"买方的估价和"最有变换能力的"卖方的估价所决定和限制的，另一方面取决于和受制于那些一直被排除在交易之外的人中"最不可能进行交易"的卖方和"第一个"被排除的买方的估价。

这一切首先是就一定数量的可以交换的商品展开论述，并得出这样的结论：由于价值对市场中的供给方和需求方产生的作用是相同的，因此，旧的供求规律仅仅是边际效用理论的必然结果。然后，这一理论又被扩充到某些商品的价格形成问题上去，其中这些商品可用于交换的数量是可以通过生产来加以改变的。面对此处出现的各种难题——就像在任何地方，当一个人试图在现实的迷宫中运用基本原理一样——庞巴维克没有弃读者于不顾，遗留下任何悬而未决的问题，他一个接一个地扫清了道路上的主要障碍，他所提出的一系列解答将成为下一步理论工作的基础。

1915年，奥地利山地部队的团结协作让意大利的一支分遣队大为吃惊。在意大利的僵持战场伊松佐地区，他们在翻越山口时，紧紧抓住岩石，用绳索互相帮助。

在得出价值理论与价格理论的对应，同时指出这一步骤的逻辑一致性结论时，庞巴维克提出了生产成本规律，这一次它是以价格的形式出现的。接着他指出，在一切主观估价的作用之下所确定的价格，在均衡和自由竞争的情况下，将会与单位成本趋于等同。这不再是一种假定，而是边际效用法则的一种推论，因此，在古典著作中有着十分重要地位的成本法则，在主观价值理论的框架下取得了它的真正意义，尤其是它的严格证明。这也表明，那种宣称主观估价决定价格的变动，而成本决定它们影响时间的看法是多么肤浅：主观估价既决定变动，又决定影响时间的长短，虽然人们也可以进一步指出后者的特征表明成本原则的实践性，但这一原则已不再是独立的原则。最后，庞巴维克指出：生产成本在何种程度上可以充当特殊情况下的价格变动的"中间目标"可以由边际效用原则得出。《资本实证论》的结尾部分展示了经济过程的全景，由于主观估价的压力，经济中的各种生产资料被分派至各种各样的用途中去。

用于理解工资、地租和利息的基本原理现在都摆在我们面前了。归根结底，原始的生产资料是土地和劳动。一切商品，包括生活资料和资本货物，最终都可还原为这两者。产品价值必然直接或间接地通过资本货物这一媒介还原为土地和劳动，土地和劳动也因此获得了自己的价值。并且在自由竞争的情况下，土地和劳动也取得了相应的价格，那就是地租和工资。因此，根据庞巴维克的说法，工资将来一定会增加为附带条件，是用"劳动的边际生产价格"这一术语来表述的。劳动是根据它的"生产的贡献"，或者劳动是根据它对社会经济过程的边际重要性而得到补偿的。同样地，地租也可以这样解释，尽管在这里庞巴维克只说到了劳动。在这类假定之下，国民总产品将分解为工资和地租。这样一来，庞巴维克几乎非常突然地向我们提供了这些古老问题的答案，就其正确性、简明易懂和成效性方面而言，都超过了过去的一切成就。

借用我较早用过的比喻，这一理论是整个建筑的第二支柱的顶盘。但考虑其他要素的作用，这里既没有谈利润又没有谈利息，并且无意谈及。在这里我们应当注意一下本文引用过的《历史与批判》中的论述，这一论述用以说明所有从前那些要使利润和利息符合这一描述的尝试是不恰当的。但我不得不放弃这一工作，而且只要说明庞巴维克指出了两个与收入和成本之间的均衡相抵触的事实就足够了。

他把其中之一概括在"阻力"这一标题下面。在生产手段的流动方面所发生的阻塞，能使消费品的价格暂时地，有时甚至是长期地偏离成本法则所确立的价格标准。对于企业家来说，这既是利润的来源，又是亏损的来源。

这样，庞巴维克就接受了用市场机制不完善来解释企业家利润的说法。企业家的地位既能使他通过这些不完善而取得确定的利益，又对于消除这些不完善有一定作用。

另一个是时间的推移，那是一个"山谷"。根据庞巴维克的观点，我们必须在这一"山谷"里寻找关于利息现象的解释。这样，我们就进入了建立在现已腐朽的基础上的上层建筑。这一上层建筑最具有个人特色，把他与在其他方面和他最接近的那些人从根本上区别开来——这一上层建筑包括他提出的那些最困难和最深刻的理论经济学问题的解决办法；这一建筑物的雄伟的外观，无论是给朋友还是敌人都留下了深刻的印象。正如以上看到的，如果要概括我们对资本净收益的意见，那将是：它在他的整个体系上烙下了一个特别的印记，它改变了我们对几乎所有其他问题的看法，并扩展到经济学讨论的一切方面，甚至超出这一范围进入社会见解的广泛领域中。

七

利息理论一直被称为兑换和贴水理论。它的基础是以下命题：人们对现在商品的估价，比对将来可以得到的、在其他一切方面都相同的、可能比同种类和同程度欲望的那些商品的估价更高。因此，这里有争议的是引进了一个新的事实，即扩展了经济学的事实基础。但这一事实并未超出价值原理的范围，更确切地说，它是关于我们的估价的特点的发现——在庞巴维克之前也曾有人"预先讨论过"，并曾由杰文斯系统地加以论述。在庞巴维克看来，价值理论有机地吸收并适应了这一事实，而且没有削弱这一理论的连续性或其基本主张的统一性。相反，在他看来，利息理论也是边际效用理论的必然结果。正如他自己所描述的那样（参阅《历史与批判》），这一利息理论的决定性特点是：资本投资利润率中所有间接的决定性因素的效果是通过现在和将来商品之间的价值差别这一共同媒介来传输的。这就是说，利息只不过是这一价值差别的价格表现，是通过主观价值和价格理论从这一价值差别中产生的，而找出这一价值差别的原因是第二个问题，是更深层次的问题。在这里，我们找到了庞巴维克理论的一些其他主要特征。它属于庞巴维克巨著第一卷的结论中所描述的三类利息理论中的第三类。这三类分别是：第一类——"生产力理论"，因为把自庞巴维克以来一直被称为"物质的"生产力和"价值的"生产力混淆起来而宣告失败；第二类——"剥削理论"，没能表明为什么竞争的力量不能消除"剥削的"收益；第三类理论在价值领域内寻找利息的起源，认为既然利率是一种价格现象，那么它的起源必然可以在这里找到。贴水理论便属于这一类，这是最为成功的利息价值理论。只有时间流逝对主观评价的影响才能产生将商品流量的一部分传递到资本家手中的力量。

严格地说，为满足我们需求的一切供应都意味着要考虑到将来，因此一切经济行为都是在需求的影响下进行的。这种需求，我们只有在将来才能体验到，不过我们现在就可以想象得到。根据庞巴维克的关于资本主义性质的概念，这一性质表现得越明显，这种活动越是"资本主义的"。另外，经济活动也要受到我们只有在将来才会遇到，但现在能够预测到的客观需要的影响。因此，我们的经济行为和我们估价的对象是将来的商品——实际上是最重要的对象。显而易见，这些估价是可以借助同样的边际效用原理加以理解的。除此以外，必须补充以下事实（不过它们从原则上讲没有更多的关系）：与我们有关的是想象的需要，而不是感觉到的需要（要永远记住前者和后者是同样可以较量的），与我们有关的不是现在供求之间的关系，而是在未来某一时点上供求之间的关系。将来的满足永远必须乘以一定的系数，这一系数表示预期的效用的概率（"危险的保险系数"）。

在庞巴维克引入一个对价值分析十分重要的事实时，他认为现在的商品比同数量和同种类的将来的商品，具有更高的主观价值。

第一，人们希望对将来的欲望进行更充分的准备，或者——当情况不是这样的时候——占有的现在的商品既可以作为应付现在欲望的供应，又可以作为应付将来欲望的准备（特别是在货币经济中，总是可以用较少的代价实现这种准备），因此，现在商品的价值至少和将来商品的价值相等，而在经济中总是存在将来商品对现在商品的一般的"价值贴水"。

第二，人们在一般情况下总是低估将来的欲望。将来的欲望不容易全部为我们所知，想象的欲望和实际感觉到的欲望不具有同样明显的迫切性，一般人根本不进行超过一定时间范围的准备。这些心理因素彼此互相加强，其结果就是"低估将来的享受"——这就是现在商品的价值贴水之所以存在的第二个理由。

第三，"耗时"的迂回生产更有效率，一定量的原始生产资料应该首先应用于中间产品（如工具）的生产，这样再将它们应用于消费品的生产时，就能比把它们全部应用于消费品的直接生产提供更多的物质产品。原来的生产资料（即较早应用于迂回生产的那些）在任何地方都能显示出比后来的生产资料（即应用较晚的那些）在技术上的优越性——除非在此期间有新的发明或类似的东西使得使用"老的"生产资料变得过时。

这里产生了一个在前面没有出现的问题：第三个要素在"耗时"的迂回生产中，是否不仅导致了数量更大的产出，而且导致了价值更大的产出？对此，庞巴维克的答案是肯定的。因为根据迂回生产法则，将来，某种数量的现在的生产资料应用在这种迂回生产上时，其产出的产品数量要大于同样多的生产资料在同样时间中用于直接生产的产出。同时，它比同样大的数量以后用于较短的时间提供更多的产品，因为生产资料使用中的迂回性越强，它们的生产力就越大。一个人在同一时间可以利用的同一商品的两种数量中，数量较大的是更有价值的，所以根据我们的假设和庞巴维克的意见，较早的时间可以利用的某种数量的生产资料的价值生产力（不只是物质的生产力），必然总是大于在时间上晚些利用的同等数量的生产资料的价值生产力，无论这两种生产资料是否在同一时点上被生产出来。而且，采取"耗时"的迂回方法，人们可以等待这种生产方法的预期较大的和更有价值的产品，也就是说，那部分足以供任何迂回生产参与者使用的生活资料，实际上现在就可以使用了。这样，从迂回生产中取得的"剩余价值"取决于现在的消费品资源的存在，并且根据转嫁理论的一般原则，这一"剩余价值"也转移到现在的生活资料中。因此，这里又出现一个——第三个并且是最重要的——有利于现在而不利于将来的消费品的价值贴水的理由。

迂回生产的物质的剩余生产力这一命题，正如认为这种生产提供了独立于另外两个理由之外的、用于说明现在商品对未来商品的贴水的第三个理由的命题一样，曾经引起很多的争论，并产生了一整套的"关于第三个理由的文献"（对这些争议的反应见第3版和补论）。我们无须研究关于这一问题的讨论，将指出第三个理由（对庞巴维克来说，它在原则上是独立的）在他看来是如何与其他两个理由相关联的。当然，十分清楚的是，社会的生产资料将明显集中到那些可以达到最大边际效用的行业，这个原理也适用于在将来的不同时点上所发生的不同的生产结果之间的选择上。第三个理由可以说明迂回生产过程是无限长的，因为生产期间的任何进一步的延长，在我们的假定之下，必然有希望进一步增加产品的数量及价值，即使增幅不断减小。根据第一个和第二个理由，这些不断递增的价值量必须用一种递增的预期折扣来估价，而前两个理由与第三个理由之间的这种相互作用，将决定能产生最高（现在的）价值结果的生产周期的长度。因此，对任何个人来说，这三个理由的影响都不是简单相加的，前两个理由当中的任何一个都能抵消第三个理由的影响。

所有这些理由对不同的个人在不同程度上产生的影响——价值贴水显然是所有个人共同的心理现象，但就不同的个人而言，它所起的作用及产生的效果是大不相同的。但正是这一现象，必然会使人们产生在估价上的差异，从而使得他们之间有可能进行现在商品和将来商品的交换，一个现在和将来商品的市场由此诞生；而"边际对偶"理论为现在商品和将来商品决定了一种一致的、客观的价格贴水，这样就产生了利息率。在庞巴维克无懈可击的公式模型中，这就是现在商品和将来商品相交换时的贴水。像任何价格一样，这一贴水具有双重调节作用。首先，即便那些考虑在其他方面对未来商品的估价有可能低于市场贴水指标的人，也会适应这一贴水。其次，现在商品在远近不同的未来时点上对未来商品的贴水的大小与各个单独的时间间隔的长度是成比例的，而个人对将来的低估，很可能是间断和不规则发生的。举一个具体的例子，现在享受和一年以后享受之间的差别可能非常大，而一年以后和两年以后享受之间的差别几乎是看不出来的。

这就是庞巴维克著名的利息理论的精华。但他不满足于一个概述，他把他的意见深入而广泛地贯彻到整个资本主义结构里。如果我们要简单地叙述他的理论，需要着重解决两个问题：一个是如何证明凭经验可以确定的资本利息的来源确实是从前面描述过的基础中产生的，另一个是如何凭借这一理论基础求得利率的水平和变动法则。

要说明贷款的利率是不难的。只要把贷款定义为以现在的商品交换将来的商品，就解决了这个问题。此外，十分明显的是，任何寻求消费贷款的个人对现在商品的估价必然高于对将来商品的估价，因此，即使贷款者并不低估将来的商品，利息率也会产生。同样显而易见的是，对于任何寻求生产贷款的人来说，对未来获得净利润的预期也会确定这样的贴水，因此，其结果是相同的。但是有关资本收益率这个重大的社会事实问题，以及资本主义经济中上等阶层赖以存在的基础问题——实际上是资本主义社会的经济结构问题——恰好解释了这样一种净利润及它在经济流动中定期出现的问题。出自企业家之手的这种资本净利润，由于把它和基本论点联系起来而得到了解释。

这是庞巴维克卓越技能的另一成果，对于这种情况，解释的原则也可以很容易地用同样不言自明的公式表示出来：企业家购买的生产资料一部分是由土地和劳动组成的，另一部分是可以还原为两者的。土地和劳动是潜在的生活资料，由于具有这一特性，它们才具有价值。但它们只是将来的生活资料，价值必然少于同一数量的现在的生活资料。土地和劳动将按照它们的现在价值从它们的所有者那里购买，将来的产品按照将来出售时它们的价值出售。这样，当现在的生产资料在企业家手里开始朝向它们的可供消费的成熟在第二次世界大战后期，德国受到英国空军的轰炸。为抵御危险，德国分别在首都柏林、U型潜艇造船厂所在的汉堡和古都维也纳建造具有防空功能的要塞炮塔，这就是所谓的"高射炮塔"。高射炮塔是一种大胆的防空战术的体现，它的构造设计优秀，结构坚固耐用，作为防空要塞非常称职，既可预警，又可防空，并可灵活运用于其他方面（如作为市民防空掩体、综合医院等）。

期成长时，增值就产生了——这一增值就是企业家资本净收益的基础。要把这一理论应用于个人的生活经验中，是不容易的。这方面的许多问题都被庞巴维克解决了——特别是由于同一生产资料在生产周期不同的生产过程中具有多种使用价值而产生的困难——他那种无限关注的态度会使他的著作成为即使在我们学科最遥远的将来，也依然闪耀着光芒的无价指南。

下一步就是说明这些价值关系总是导致一种价格贴水。这一价格贴水将作为原始生产资料的全部未来边际产品的货币价值的一种折扣。它会出现在一方为工人和土地所有者，另一方为拥有资本的企业家之间的交换中。如果我们把资本家和企业家的功能区分开，把企业家看作纯粹的介于原始生产资料所有者和资本家之间的中间人，则这一价格贴水将出现在资本家与由企业家所代表的工人和土地所有者（如果这样是正确的）之间的交换中，作为由资本家垫付的生活费基金的一种价格贴水，换句话说，其以利率的直接形式出现。在这里，我们看到的资本家是以经营现在商品的商人的角色出现的——也许乍看起来这是一个很陌生的观点，但这一观点非常犀利地洞穿了经济过程的本质。这两种形式都涉及同一核心，说明贴水是不可避免的。现在我们要说明它在第二种形式中的必然性，这一形式很可能还原为第一种形式。

在这个"生活资料市场"上，资本家面对的是工人和地主。生活资料可利用的数量及劳动与土地可利用的数量，在任何时候都是既定的（对这一假定前半部分的进一步论述将在以后补充）。对资本家来说，他们的消费品的使用价值是无关紧要的——在任何情况下，他们只能消费其中的一小部分。这样，对他们低估未来商品价值这一点，我们可以忽略；如果这种低估存在，就更不必说了，我们的贴水必然会发生。对工人和土地所有者来说，对劳动和土地的估价产生于它们在直接生产中的潜在效用（就它们本身能够进行资本主义生产来说，它们也就负担起了资本家的可分割的功能），严格地说，这种评价就成为了下限——低于这一下限，工人和土地所有者是不肯进行交换的。但在现代的条件之下，这一界限是相当模糊的。在这些条件之下，即使是极小的贴水，甚至接近于零，资本家也会愿意交换。对工人和土地所有者来说，根据迂回生产法则，任何超过直接生产的超额报酬取决于他们占有的可以利用的生活资料，因此，只要他们能够得到这一报酬，哪怕只得到其中很小的、接近于零的部分，他们也将愿意交换，最终的结果将取决于在一定的生活资金所允许的生产周期的延长点上，工人和土地所有者对生活资料需求的强度。一般来说，事实的确如此，不论这一资金量多么大，它都是有限的。同样地，出现以下情况的可能性也是相当大的：在给定的生活资料所允许的生产周期延长限度内，总能获得较大的剩余报酬。因此，在设定一个可行的生活资料规模时，如果没有贴水，则仍然会有对更多的生活资料的迫切需求，而这一需求是无法满足的。任何有限的生活资金都难以满足这一需求，导致任何在一定价格上的旺盛的需求具有提高这一价格的影响。据此，现在商品的价格总是高于将来商品的价格，从而必然会发生一种贴水，也就是利率——这就是需要证明的事情。

反过来就可以看到，如果没有利息，则生产周期无限制的延长将成为有利条件；显然，随之而来的就是商品的稀缺，这又会导致直接生产，从而导致利息的再次出现。这样，利息在经济中的真正功能就很清楚了。打个比方，利息是一个制动器或调速器，它使人们不超过经济上所允许的生产周期的延长程度，并配置满足现在欲望的东西——实际上这些欲望也给企业家施加了压力。而这就是为什么它能反映现在和将来需求的相对强度——在每一种经济中，现在和未来的利息就是通过需求的相对强度而被人们感知的。因此，这是人民的智慧和精神力量，其强度越高，利率就越低。这也就是为什么利率可反映一个国家的文化水平：文化水平越高，可以利用的生活资料的储量就越大，生产周期越长。根据迂回原理，生产周期进一步延长所产生的剩余报酬就会产生，利率也就会降低。这就是庞巴维克的利率递减法则，就是他对这门学科中让很多人费尽心思都没有取得成果的这一古老问题的解答。

我们的论证进一步表明，由于只有给现在商品一定的贴水才能使现在和将来的相对需求得到适当平衡，所以即使在社会主义社会中，现在和将来商品的价值也不会是相等的，作为利率基础的价值现象也是不可缺少的，因此需要一个中央计划委员会来关注这一现象。这样，即使在社会主义社会中，工人也不能简单地取得他们的产品，因为生产现在商品的工人所生产的，比生产将来商品的那些工人生产得少。因此，无论社会决定如何处理和价值贴水相应的商品数量，它也绝不会作为工资（而只能作为利润）由工人获得，即使它被均等地分配于他们中间。这很可能产生实际的结果，如社会有机会自觉意识到其各个成员对它自身的经济价值。在这种情况下，一个工人的价值只能是对他的生产能力的贴现价值，同时，对所有具有相同工作能力的工人都只能给予同等评价，即便在这种场合下，也必然会产生"剩余价值"，它是作为特殊收入出现的。但是从理论上说更重要的是结论，在这里使用一个有关这一命题的论述中已经为人接受的术语——利息率是纯粹经济的而不是历史的或法律的概念。

这样，一条有关庞巴维克理论的具有重要价值的结论的完整逻辑链就很清楚了，而且再补充更多的环节也不难。关于这一问题，我只想指出，在通往关于工资和地租的完整理论的道路上，我们的论证也将我们推向了第二阶段。在价值和价格理论里，我们把工资和地租看作这两种原始生产要素的边际生产力的结果。现在我们能够补充的一个命题是：庞巴维克的工资和地租理论与那些在其他方面和他最接近的经济学家的理论分道扬镳了。关于这点，我们可以进行如下阐述：工资和地租是土地和劳动的边际产品价格乘以它们的数量，并折现[1]。这一命题绝不背离边际生产力的观念，反而显然是在某一重要方面加强了这一观念。

在这一点上，我要提到一个来自同一基本观念的更为精彩的理论，这使我们能够把地租现象看作一般理论的一种特殊情况，并加深我们对它的理解——这就是耐用商品的利息和资本化理论。拥有一种以上用途的商品可提供许多服务，满足我们的一些欲望，而被直接估价，而这一商品本身的价值只是这些价值的总和。因此，在任何时刻，这一价值就是还没有从它那里

---

1 这种工资理论已由陶西格（庞巴维克最杰出的战友）进一步发展了。

"抽出"的劳务的价值总和。当这些服务变成职能定期地、分时段地使用时，对这些服务在更远的将来的评价是依据低估未来商品的原理做出的，而且它必然是通过对现在商品折现的过程得出的。这样，一个在经济实践中为人们所熟悉的过程，就以极其简单的方式，被纳入一个大原则的框架，并由此得出这类商品的价值和价格形成的解释，即资本化的解释，以及为什么提供无限多的劳务的商品（如农业土地）还具有确定价值的解释。只有这样的分析才产生了"地租是净收益"的精确论证。因为我们直接看到的只是土地的物质产品，它与总收入是同样的东西。自重农主义时期以来，传统的地租理论论述的仅仅是问题的这一方面。因此，庞巴维克就可以说，经济分析完全没有深入这一问题的经济本质，即纯收入问题。举例来说，如果一个采石场生产了100年，而每年只有1000克朗的收益，然后就结束开采，如果不是有折现方式的话，即使价值没有被低估，它的所有者也不能花费这个收入总数中的任何一部分，否则他就会耗尽他的"资本"。只有根据这里所描述的理论观点，地租才表现为一种纯收入。我们几乎不需要再详细地说明，就解释的价值和深度来说，这一整体理论结构与李嘉图的论述相比是多么非凡、卓越，同时，它在批判性方面和结构方面都大大超过了李嘉图的论述。

我们现在正处于一个恰当的位置，可以清楚地观察利息现象是如何盖住其他所有的关于纯收入的枝蔓，向一切经济过程伸展的。这一现象是无所不在的。并且人们也认识到，资本的净收益不是和工资、地租平行的一种收入，而是和后者对峙的。这个观点在当时是全新的，并且代表着前进中的关键一步。从那时开始，这一理论就在许多方面被精心阐述，并且在欧文·费雪和F.A.费尔特的著作中得到了系统的发展。

现在我们接近了把我们引向庞巴维克建筑顶部的阶梯的最后一级。他是第一个充分认识到生产周期的长短两个方面——生产力方面和时间的经过方面——重要意义的人。他阐明了这两个方面的准确内容及它们在边际效用分析体系中的基础地位。他进一步使生产周期长度成为经济均衡的决定性因素，这样一来，就使得"生产力""经济周期""商品流动"等概念的意义变得十分明确。同时，他把出现在经济生活中的很多关系纳入分析的范畴中，这些关系至今还没有获得详尽的阐释。到现在为止，他的同事当中极少有人能在这些曲折的道路上跟上他的脚步。而关于他的生平事业的卷帙浩繁的讨论大都集中在其研究的最初几个阶段，以致那些一贯受到边际效用理论反对者非难、被认为徒劳无功，但恰恰具有丰富成果的部分——如同马克思体系的比较部分一样——至今未能成为可以被更广泛的读者接受的理论。很少有人认识到他的天才成就正是在这一点上，尽管其中的基本思想是非常朴素的。

生产周期长度这一因素的引用和严密论述，是通过它和生活资金数量的关系进行的——这一数量我们刚才假定是固定不变的。当我们认识到资本家所提供的生活资金只是和经济财富的总储备相等时，它的数量就能确定了。当然，劳动、土地以及在意外的情况下，由于经济上的浪费而消耗掉的那一小部分除外。这一储备的大小总是十分明确的，在旧的"工资资金"中是没有的——这一点在资本形成理论中有单独的解释，并且可以被认为是分配理论的一个论据。这样，工人的数量和土地的数量在任何情况下都是已知数，就成了我们确立客观经济关系的新的基础，大大丰富了我们的理论。但是，在明显存在已经生产出来的生产资料的情况下，一种经济的总财富怎么可能完全由"生活资料"所组成呢？情况是这样的：生活资料的流动是持续不断的，一定的生产周期所需的全部生活资料，在该周期开始时并非必须全部可用，也可能储存在某个地方。在后一种情况下，问题是很清楚的。即使所有这些正在进行的生产过程在同一时刻不处于相同的生产阶段，而是根据它们的产品的"成熟"程度前后交错进行着，问题也不会有重大的改变。因此，整个时期的生活资料，在任何一个时刻都是一部分已经消费了（与各种中间产品，如原料、机器等一起被消费），另一部分有待生产。在这一情况下，人们完全可以说，这一时期的总生活资金和当时存在的一切货物的储备相等，并且它只是和原始的生产手段相对照。而且很清楚的是，我们的眼界所能看到的生产目标越远，这个意义上的生活资金就越大。最后，因为商品的流动过程是持续不断的，生产过程的各个阶段也都同时进行着，所以，这个总量只能满足半个生产周期的需要。这一假定并不总是十分正确，但简化起见，我们在这里做此假定，而且在任何情况下，这种不精确之处对所涉及的理论都是不重要的。

现在，这两项重要的数据——生活资金和土地与劳动的可以利用的数量——之间的关系已经通过"生产周期"这一环节建立起来了。这一环节现在已经不像古典经济学著作中所说的那样严格了，它变得很灵活，并且我们掌握了关于它的"灵活性"法则：最后确定的生产周期的长度首先取决于上述两个数据的取值，其次取决于资本家（企业家）的选择，而他们必然会力图获取可能得到的最大利润。客观数量关系和主观力量结合在一起，形成了一个和谐的整体。因此，我们完全可以确定生产周期的长度、利息率、工资和租金，并且使其相互联系。

庞巴维克没有把这一结论充分地展现出来，只是提出了关于工资和利息的部分，而略去了地租。其原因在于这一问题碰到了许多不使用高等数学就几乎无法处理的技术上的复杂难题。但这并没有改变问题的性质，我们将同样满足于这种简单的例证。

他的结论可以很容易地阐述如下：要确定的工资率是能够使生产周期最有利于企业家（资本家）的那种工资率，而这一生产周期需要恰好能够按照上面提到的工资率耗尽该经济中可使用的劳动力总量，并能补偿为此支出的生活资料总额。

实际上，如果一个随机的工资率在市场上暂时确定下来，其结果将是：给出一个由迂回生产的不同程度的生产力规模比例表，其中只有一个生产周期是对企业家（资本家）最有利的，那么这一生产周期将被选中，根据它，一个确定的利息率就被确定下来了。按照这一约定，如果土地和劳动的劳务总数正好可以与全部生活资金相交换，则前面阐明的有关条件就能满足，均衡由此实现。如果不是这样，则土地和劳动的劳务未被使用的数量与生活资料未被使用的数量将使工资率或利息率下降，或两者同时下降，从而产生另一个更有利可图的生产周期，一直到均衡条件被满足为止。

这样，我们就能得出利息法则：利息率必须和刚才提到的一切条件所允许的生产周期的最后一次延长部分的剩余报酬率相等。假设这个可能的最后的延长集中在单个企业里，则我们可以认为它的所有者在生活资料市场上是"边际的买者"，并且能够把关于利息水平的法则看作一般价格法则的一种特殊情况。

这样就确定了利息和工资（或地租）之间的正确关系，以及它们之间互相决定的方式，同时开辟了广阔的应用于实际的道路。为了说明这种观点所取得的丰富成果，我们可以列举几点来说明。第一，我们深刻认识到生活资料和劳动数量变化的影响，以及不同层次迂回生产的生产力规模变化的影响——这些变化自然会作为技术进步的成果而不断发生。第二，劳动质量的

奥地利野外电报站。奥匈帝国在第一次世界大战中加入同盟国，1918年战败后解体。

改进如何影响利息和工资的问题得到了解决。第三，我们了解到，工资的上升首先造成利息率的下降，然后是生产周期的延长，最后是利息率的再度上升，但达不到原来的水平。与此类似，工资的降低会缩短生产周期，提高利息率，增加对劳动的需求，从而会增加工资，但同样低于它原先的水平。此外，我们还得出了这样的结论：生活资料在资本家之间的分配，对利息率水平来说是无关紧要的，并且固定资本和流动资本之间的区别具有了不同于古典经济学著作所阐述的含义，其重要性也显著下降了。在一定的条件下，工资的绝对水平的变化法则就是在社会产品中工人相对份额的变化法则，也可以经过一定的推论而得出。但这里不是论述这些问题的地方。

这样，庞巴维克就以最简单的方法取得了伟大的胜利。社会经济过程理论在庞巴维克的著作中，第一次作为估价和"客观"事实的一种有机整体被揭示出来。我们在任何地方都不会像在他著作的最后一节那样，看到一位用天才的光辉勾勒出的大师的高大形象。他没有在任何地方如此清楚地表明，在他的笔下可以取得这么丰硕的理论成果。他在运用几乎是纯数学思维的方式来论述自己的观点时，那种精确性是令人惊奇的。因为这些数学的技巧对他来说是如此陌生，这种思维方式对他来说是如此新颖。他以一个天生的科学家对其所研究材料的逻辑必然性和逻辑对称性的准确感知，完全无意识地发现了这一切。

他把这种逻辑准确性和审美性，与对具体事物和具有重要实践意义事物的强有力的直觉结合了起来。他在自己的道路上从来没有出错，知道如何把他的步骤引向具体问题等待解决的地方。他的作品是一幅巨大的指示宝藏所在地的航海图，这些宝藏只能通过使用他的方法才能被发现。通过把适当的经验数据引入自己的理论模型，他把对资本主义经济现象具体的、数量性的描述带入了即使没有现实可能性，也至少能为人们所热切期盼的领域。我不知道他自己是否想过这一可能性，据我所知，他本人从未说过自己能取得这样的成就，但这一可能性总有一天会成为现实，尤其是在他的作品的指引下。

即使把他的作品称为不朽的作品，也不足以表达他的伟大成就。在未来的很长时间里，对这位伟大战士的回忆将被争论双方（拥护方和敌对方）的爱与憎染上各种色彩。但在我们的科学中可以引以为傲的伟大成就中，他的成就处于首位。不管将来人们如何对待他的成就，或如何理解他的成就，他的作品都永远不会消逝。不管他最关心的这门学科将来走向何方，人们都将永远听到他的精神："我已经通过才能和艺术把你带到此地，现在把你的兴趣当作向导吧。"[1]

---

1 出自但丁《神曲·炼狱篇》第三十章。——译者注

第六章

弗兰克·威廉·陶西格

（1859—1940）

一、早年（1859—1880年）

无论我们认为血统和教养（或者更恰当地说遗传和环境）在杰出人物的形成方面有何重要性，对于陶西格来说，无疑这两者最美妙地结合在一起了。因此我们在描述这个人、这位公民、这位学者、这位教师和这位公务员等多种头衔集一身的人物时，必须从多方面进行。相比其他人，我们更有必要采取传记作者的方法，从描述他的原生家庭和创造这一家庭的两位杰出的人开始。

弗兰克·威廉·陶西格的父亲威廉·陶西格于1826年生在布拉格，他聪明、能干、有教养。那时，捷克和德国的上空因两国的冲突笼罩着层层阴云，而且越来越浓厚。他厌恶自己所处的环境，在1846年移居美国。他首先去了纽约，然后来到圣路易斯，在药品批发行找到了工作。虽然这是一份简单且地位较低的工作，但这是当时美国人都喜欢的职业，也是他走向成功的第一步。

几年之后，他放弃了药材批发商的工作，进入圣路易斯医科学校学习药物学。在那里，他学到了更多的医学知识，并取得了学位。之后，他在卡隆迪莱特（现在的南圣路易斯）开办了一家诊所。那时，他常常骑在马背上，带着手枪和药品去看望病人。他的社会地位稳步上升，曾经担任市长、郡法院的法官，最后担任了郡法院的首席法官。诊所的生意兴隆，但南北战争不可避免地爆发了，战火燃烧到了他所在的城市。作为一个坚定的分裂主义和奴隶制度的反对者，1865年，威廉接受了联邦政府税务官的职位。按照1862年和1864年的收益法，税务官为联邦政府所管辖的地区征税，收入以其所征的税金为基础，按一定比例提成。因此，只要税务官有耐心，不怕辛苦，就可以从联邦政府那里获得较高的收入。威廉确实做得很好，他的财富日益增加，凭着这份津贴，他开始了第四种职业——银行业。

之后，威廉在圣路易斯国民商业银行任副总经理，但他在银行的业绩平平。然而，在银行的客户中，有一家桥梁公司，该公司成立的主要目的就是建造一座横跨密西西比河的大桥。威廉参与了这项风险工程，继而成为该公司的财务主管和总经理，从而开始了他一生中的第五种职业——一种给他带来荣誉和声望的职业。

这个企业从一开始就很成功，最终发展为圣路易斯铁路终点协会。该协会为所有经过圣路易斯的铁路建造了联合车站，并用其自有的机车承担起从圣路易斯东部往西直至终点站的全部运输业务。威廉凭借自己的能力排除了工商巨头和城市铁路委员会在计划执行过程中所埋设的一切障碍。当一切战斗都过去了之后，他顺理成章地当选为董事长，这是一个清闲而高贵的职位，他一直担任到1896年，在70岁时退休。退休之后，他仍忙于各种社会活动，受到群众的普遍欢迎、推崇和尊重。他一直活到了1918年。

弗兰克·威廉·陶西格的母亲——阿蒂丽·沃帕尔，是莱茵河上一个小村庄里一位信仰新教的教师之女。这位教师在1848年的革命中被解职了，因此全家移居到美国。威廉·陶西格和这位教师的女儿在1857年结婚。他们的婚姻是极其美满的。阿蒂丽是一位娇媚的女子，能干又大方，有风韵又性情温柔，风趣又多情。她在逆境中给人以安慰，是威廉·陶西格成功道路上令人愉快的伴侣。她具有极优美的女中音，与丈夫共同爱好音乐。她的慈爱像温暖的港湾，在她长期无微不至的关怀下，他们家从未产生过任何家庭矛盾。人们很容易想象出这个家的样子，无论是在经济紧张还是后来宽裕的境况中，她都为丈夫和孩子创造了宽松而有序的环境，三个孩子都衷心爱戴她。这是一个自足的家庭，成员很懂得合作共存。浓厚的家庭观念，使弗兰克·威廉·陶西格认为，在事物的性质上，家庭生活和家庭责任是最基本的东西。

正如我们所预想的，陶西格享受到了愉快的童年。他的妹妹这样描述他：

"毫无疑问,他在学习上名列前茅,而且很早就展现出良好的身体素质。在我的印象中,他是个大男孩,手中总是拿一本书,或是为了学习,或是为了消遣。他读书时全神贯注,什么也不能使他分心。他习惯在家里的起居室工作和学习。……至于学校,我可以肯定地说,大约在11岁以前,他就读于公立学校,随后在斯密斯书院学习。……我们家经常演奏音乐,我们能够与鲁宾斯坦和温尼奥斯基等艺术家见面。西奥多尔·托马斯每次来圣路易斯都会住在我们家。弗兰克很早就开始学习小提琴了,当时圣路易斯一流的小提琴家是我们家的亲密朋友,也是他的老师。当弗兰克升入大学时,他已经是一位极有造诣的小提琴家。在大学里,他经常参与演奏弦乐四重奏,还是彼尔瑞乐队的成员之一。音乐是他生平的娱乐和消遣之一……除了在夏季进行短期的远足外,他平时很少外出旅游。"

陶西格与查理士·C.伯林格姆先生之间的友谊始于1871年,那时他们在斯密斯书院同班学习。他们一块儿进入华盛顿大学,1876年又一起转学到哈佛。系主任查理士·F.登巴尔的直觉是对的,因为他允许这两位学生免试直接升入二年级,尽管按规定他们必须参加新生入学考试。陶西格租住在牛津大街一座在伯林格姆看来富丽堂皇的房子里,在那里他表现出了一位杰出学者的风范。他学习了经济学(当时称为政治经济学)的一切课程和许多历史课程,并于1879年毕业时以历史学的最高荣誉获得者身份参加了毕业典礼。他的毕业论文题目是"德国的新帝国",他曾在毕业时宣读。他还被选入"联谊会",这是全国性的优秀大学生的荣誉组织。有些记录表明在1875年到1879年间,他从图书馆借出了大量的书籍,主要是历史和哲学方面的,但他绝不是一位默默无闻的书呆子。他参加了班上的棒球队,参加了划船比赛,参加了6个学生俱乐部和团体。他兴趣广泛,结交了很多朋友。当然了,他还挚爱小提琴。

在取得学士学位之后,他于1879年8月在另一位终生挚友E.C.费尔顿先生的陪同下到欧洲旅行。陶西格在不久以后写道:"在伦敦共同度过几个星期之后,我们就分别了。我来到德国,在那儿待了一个冬天,从这年10月到次年3月，我在柏林大学研究罗马法及政治经济学。3月，我离开德国，在意大利和费尔顿会合。我们在意大利共同度过了两个月，然后由日内瓦前往巴黎。5月，在巴黎，我们又一次分别了，费尔顿在回国途中又去了英国，我就到欧洲各个地方去旅行，主要是奥地利和瑞士。"在欧洲旅行期间，他在纽约《民族》杂志上发表了几篇文章，这些文章充分反映了这位年轻人严谨的治学态度。

为了能进入法学院学习，1880年9月，陶西格回到了哈佛。当时他没有确定把经济学作为自己的专业，他觉得法律同样重要或更重要一些。后来，他接受了艾略特校长的秘书一职。虽然工作很繁重，而且不是专职工作，但他被引入了大学行政管理和大学政治这个神秘的领域。于是，他开始从事这项服务工作，并且在之后60年的生活中，一直以此为中心。

二、事业上升期（1881—1900年）

陶西格决心学习法律，这一决定使他不得不在一定程度上耽搁他的秘书工作，从而有更多的精力在研读法律的同时去攻读经济学博士学位。他选择的特定题目是"美国关税立法史"，这一选择表明在他的思想中历史成分所占的重要性。当时像陶西格这样对科学具有强烈兴趣的人都认为，经济政策等重大问题属于历史学的研究范畴，历史学对这些问题的研究至关重要。我们在这里需要，并且以后也将需要特别强调两点：毫无疑问，陶西格不仅是一位卓越的理论家，还是一位很伟大的理论知识传授者。后来出现的那些崇尚制度学派的学者，同时也是陶西格理论的反对者，也不得不承认制度问题是陶西格研究的重要部分。他们不仅尊重他在这方面的贡献，而且认为与其说陶西格是对手，不如说是这方面的先驱。对陶西格来说，经济学永远是政治经济学。他所接受的早期教育和他所使用的一半研究工具既是历史的又是理论的，但主要是历史的。简而言之，他的研究兴趣十分广泛，历史、法

杜伊勒里宫大教堂。1871年5月23日，法国政府军攻入巴黎，巴黎公社领导层下令焚毁巴黎的各主要建筑，造成杜伊勒里宫内部被完全损坏，1882年法国国民大会决定拆除杜伊勒里宫废墟。这座宫殿曾经是法国君主制的象征。

律、政治等无所不包。凡是熟悉他的人，没有一个不赞扬他应用社会学背景和历史学背景来观察问题的能力。

他选择国际贸易课题，也说明了他具有彻底的历史主义精神。他于1882年得奖的那篇文章《美国实施的对新兴工业的保护》成为他的博士论文，并于1883年刊印成书——这是一本很成功的书，第二年就需要再版。这本书提出的理论很少，但陶西格在其中运用了他擅长的以事实为基础分析问题的方法。另外，这一著作还有极其典型的、我们不能忽视的另一方面，这预示了陶西格日后在关税政策等方面所取得的成就——也是他杰出成就的重要方面。伟大的经济学家所具有的那种极其重要的均衡和成熟的判断力，在他23岁时所写的这本书里就表现得十分惊人了。由于美国的政治背景和经济措施，陶西格对美国的关税立法持怀疑的态度。诚然，他不是一般意义上的贸易保护主义者，也不是一位自由贸易论者。他坦率地接受了在他看来站得住脚的保护主义论证中的所有理论，特别是保护新兴工业的理论。他也不会像拥护自由贸易的经济学家那样，他以实际而又公正的精神研究这一问题，就像他研究其他任何问题一样。

在以后的十多年中，他的创造性工作一直顺利地进行着。在《美国实施的对新兴工业的保护》之后，他又出版了《现行关税史（1860—1883年）》（1886年）。这两部书之后发展为《美国关税史》（1888年，以后陆续刊行了许多版，直至1931年的第8版）。这部理论著作使他一举成名，成为美国在该领域中的第一位学术权威。事实上，作为一位政治和经济的分析家，在任何领域中都难以找到像他这么杰出的人。他在那个时候所写的大多数文章都是围绕关税问题进行讨论的，但那个年代大家关注的其他问题同样吸引着他，并且他对其中两个问题做出了重大贡献。白银问题的政治和经济方面似乎深刻地打动了他。他对政治、经济知识有全面、彻底的掌握，所以他从1890年开始就这一问题发表了许多文章。1891年，他出版了《美国的白银情况》，这本书成为反白银学派的代表著作，并在整个学界产生了极其强烈的影响。1891年，他还在《经济学季刊》上发表了《对于铁路运费理论的贡献》。与他在1893年以前发表的所有文章不同的是，该文采用了纯理论的论证方法，即便如此，这篇文章也是和"实用"问题有关的。的确，这些作品表现出他充分掌握了当时经济学方面所有的分析工具。虽然他毫不犹豫地使用了这些工具，但是直到30岁之后，他才对这些工具产生了浓厚的兴趣。

1884年，他为爱密尔·德·拉维莱德的《政治经济学的基本概念》一书的译本撰写了序言，表明他对传记有相当大的兴趣。该序言可能是当时的陶西格方法论的唯一反映，也从其他渠道增进了我们对陶西格在经济政策方面的主要观点的认识。作为伟人，陶西格具有鲜明的个性，这在这篇序言里也有所体现。大多数人在这类的序言里会只写一些奉承和赞扬的文字，但陶西格不是这样的。他除了用简洁、朴实的文字表示赞美外，还用极其礼貌的措辞表示了他的批评和异议，并且指出了他认为错误的地方。他真诚地指出，拉维莱德的一些观点缺乏可信度。他之所以推荐拉维莱德，是因为后者不像别人那样完全脱离了"所谓古典体系"。陶西格有所保留地同意该书作者对放任主义的批评和对政府干预的拥护。虽然陶西格认为拉维莱德的人道主义色彩过浓，但赞扬他"以事实为依据"的做法，并称概述总体来说是正确的，但有一章缺乏深刻的论证。

从陶西格所发表的作品来看，第一次表现出一个理论家对理论感兴趣的迹象，是他在1898年发表的作品。这一年，陶西格在《美国经济学会丛刊》上发表的两篇论文《关于李嘉图的解释》和《马歇尔教授的价值论和分配论》非常明确地确立了他的理论导向。第一篇论文大致告诉我们，在陶西格看来，李嘉图是最伟大的经济学家。我们从这个杰出的理论家所写的文章中可以推断出，在陶西格生活的年代，为什么李嘉图的唯一竞争对手是庞巴维克。陶西格欣赏并吸收了这两位伟人的观点，因此，在理论风格上，这三位伟人的思维方式存在相似之处。第二篇论文同样清楚地表明了他在当时和以后会与马歇尔的理论结成联盟，并把马歇尔的理论作为自己课堂讲义的主要原因。关于这一点我们以后还要说到。

现在，我们只讨论1894年在《美国经济评论》上发表的，能够显示出陶西格的创作在理论方面占统治地位的另外两篇文章，即《利息和利润的关系》和《德国经济学家手中的工资基金》。这两篇文章是当时他正在撰写的《工资和资本》一书的两部分，它们为这本在1896年出版的书的整个理论体系奠定了基础。1897年，他的《货币数量理论》一文由美国经济协会发表，这为日后"陶西格理论"的形成打下了基础。

让我们再回头谈一谈陶西格在大学里的事业。很明显，1881年到1896年对陶西格来说是段艰苦奋斗的年月，因为他开展了许多专业活动。在这段时期，他是《公共服务档案》编委会的成员，他在《波士顿先驱》《广告人》

《民族》等杂志上发表文章，还参加了科布顿俱乐部和马萨诸塞改良俱乐部等社团的一系列活动。毫无疑问，即使对于一个极为强壮的人来说，这些也已经超出了体力所能承受的范围，但陶西格不知疲倦地工作着。他没有多少消遣和休息的机会，虽然他能够找到时间来维持他在音乐方面的兴趣。

在同一时期，或者具体地说，是在1882年3月，他被委派为政治经济学讲师。这一学年里唯一的政治经济学教授查理士·F.登巴尔不在，所以这一委派的重要意义大大提高。这尤其意味着讲授概论课程（现在的经济学课程A）的重要任务委托给这位青年了。

现在我们已经第二次遇到这位杰出人物的名字了，任何关于陶西格的传记都不得不提到他。登巴尔不仅是第一位介绍陶西格进入这一学科领域的卓越导师，还是帮助陶西格成为这一领域学科领导人的人。如果我们拿他的一些论文与陶西格早期的作品相比，不难发现，无论是在格调、文风，还是写作方法上，两者都存在一定的相似之处。是登巴尔教授预见了陶西格的未来并选择了他。登巴尔曾经是《波士顿每日广告报》的主编，当校长艾略特说服他担任政治经济学教授时，他正隐居田园。那时的政治经济学已经被弗朗西斯·鲍恩教授作为道德哲学课的一部分来讲解。当时陶西格在登巴尔讲授的一门课程中担任助手，所以我们认为陶西格取得讲师职位和登巴尔的推荐有关系。

在登巴尔返回学校之后，由于论资排辈的原因，陶西格的前景明显变得黯淡了。那时候处在哈佛阶梯最底层的任何真正能干并且精力充沛的年轻人，似乎都面对着一种艰难的抉择：是把无限多的时间花费在一个不太满意的职位上，还是去从事更具吸引力的其他职业？陶西格暂时解决了这一问题。在1883年6月获得了博士学位之后，他在同年8月接受了兼职讲师职位，讲授关于关税立法的部分课程；另外，他打算花3年的时间进入哈佛大学学习法律，然后去实习。这种安排一直到1886年6月他获得了法学学士学位为止。此前（几个月之前），他拒绝了哈佛大学任命他为专职讲师的邀请，接受了为期5年的政治经济学助理教授的工作。

因此，从纯粹的名利观点来看，改行到司法界是一个损失——因为它本是未雨绸缪的手段。但这种观点最终被证明是错误的，我们有责任特别指出在陶西格的思想装备方面法律锻炼所做出的贡献。首先，法律锻炼对陶西格的思维方式的影响是不言而喻的。对现代经济学家来说，必须花费多少时间和精力才能在其研究的领域内有所建树，目前尚无定论，但培养各方面的能力是一个可能实现的目标和合理的理想。其次，法律锻炼在那时也许是提高经济学家逻辑思维能力的最好的可行之法。最后，有一个事实不可否认：法学所讲授的内容，肯定与经济学有一定的联系，特别是，如果把罗马法包括在学习的范围之内，那么在研究制度方面所获得的好处必然是不可估量的。陶西格正是这样的人，能够充分运用这些好处。法律的烙印实际上既存在于他的教学工作中，又存在于他的研究工作中，任何善于观察的人都能够看到这种关系。

他在1886年秋天就担任助理教授了，实际上承担的是正教授的责任。关于关税立法的半年课程照旧进行，那些一般的基础性课程也都由他讲授。而著名的被称为"经济学Ⅱ"的课程也开始了它的光辉发端。随着时间的推移，其他课程也不时加入他的授课任务表中。

在适当的时机，他被升为正教授（1892年）。1901年，新成立的亨利·李教授职位机构也授予他教授的职位。当时他写道："我希望能够住在剑桥并为哈佛工作到我死的那一刻。"1886年的委派对他的一生起着决定性作用，陶西格也认为这是一个正确的决定。从此以后，他安定下来了。在1890年的课堂报告里，他以坚定的口吻说，自1886年以来，他就过着"大学教师一成不变的平静生活"。这反映出他对当时的生活是比较满意的。有一次，他在校庆会上这样说："我非常幸运地被及时选中参加本校建立250周年的庆祝会。作为全校最年轻的高级教师，看来我比其他人更有机会参加学校300周年的庆典。"这些话，反映了他对哈佛怀有深厚的感情。

1888年6月29日，陶西格在纽黑文的埃克塞特和来自波士顿的伊迪丝·托马斯·吉尔德小姐结婚了。他们的儿子威廉·吉尔德·陶西格生于1889年。

那年夏天，他在当时大家叫作诺顿住宅区的地方修建了住宅，希望在这里长期过着和平而宁静的生活。长女玛丽·吉尔德（和杰拉尔德·C.汉德森结婚）生于1892年，次女凯瑟林·克劳（现在是莱德弗·奥比博士的夫人）生于1896年，三女儿海伦·布鲁克斯（若干年以前就是医学博士了，是巴尔的摩市约翰·霍普金斯医院的儿科专家）生于1898年。

除了教学和搞科研之外，他还不停地参加各种活动。他经常写一些文章反对白银的自由兑换。1893—1894年，他成为剑桥学派委员会的成员、马萨诸塞州政府税收法令委员会的委员、波士顿商会印第安纳波利斯

在巴黎卢浮宫博物馆的一个长长的天光画廊里，艺术学院的学生正在进行艺术创作，其中包括许多女性。

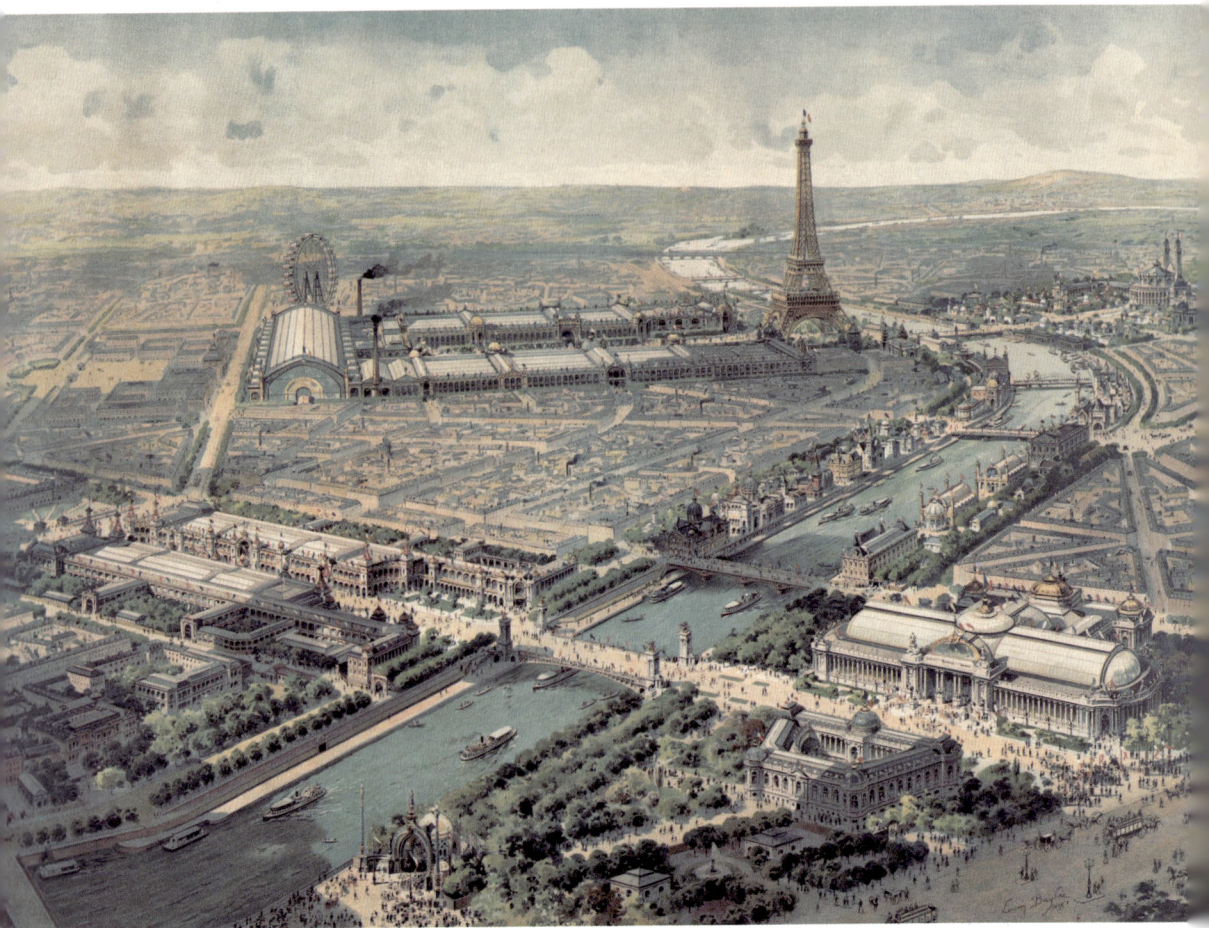

1889年巴黎世博会全景。1889年5月5日至11月6日，法国巴黎举办了世博会，主题是"庆祝法国大革命胜利100周年"。通过本届世博会，摆脱普法战争耻辱后的法国成功展示了自己的经济实力。

货币公约组织的代表等，还参与了在大学里不感兴趣的行政工作。另外，值得一提的是，在1888年，他被选为美国艺术和科学协会的会员；1895年，他被选为英国经济协会（皇家经济学会）的美国通讯员。这些事情在一个平凡人的生活中可能是重要的，但在这里叙述只是为了让许多对陶西格感兴趣的朋友了解他的完整经历。为了他们，我还要补充一点：1894—1895年的休假时间，他是在国外度过的，期间有两个月在卡普里，另外两个月在罗马，在这一期间他通过大量阅读意大利的有关书籍，进一步强化了专业知识。

当他回来时，许多工作在等着他。他所在的经济系迅速地成长着，上基础课的学生已经超过500人了。他觉得给这500名学生上课是一个很重的负担，但也从中获得了很大的满足，因为这给了他一个"接触大量大学本科生的令人振奋的机会"。但事实证明，更大的满足来源和更大的令人鼓舞的机会，是他被任命为《经济学季刊》的总编辑。1889—1890年，当登巴尔不在时，他曾经临时担任过这一职位；从1896年起到1935年为止，他一直担任这一职位。最后，我们用他的课堂报告中摘录的一段话，给他这个阶段的工作做一个恰当的总结："在政策方面，我坚决主张把大学缩短为三年制，并稍微修改入学条件，对希腊文不再给予任何特别的重视。……在政治上我是令人头疼的中立者（无党派人士），我期待出现一个新的政党，并希望这个政党将公正地主张合理的关税、健全的货币，尤为重要的是改革行政制度和建立忠实的政府。"

三、中年（1901—1919年）

尽管已经42岁了，但陶西格并没有觉得自己有衰老的迹象。在他的生活中，也从来没有出现过急躁或狂热的情绪。他依然享有极高的声誉，而且在很大程度上实现了他的志向。虽然他非常健康，但他不能再像以前那样工作了。他患上了人们所说的神经衰弱。这种疾病在教授或以学术研究为职业的人群当中发生的概率较高。为了完全放松自己，他请假到国外休养两年，他先在奥地利的阿尔卑斯山的梅兰度过了一个冬天，然后又在意大利的里维埃拉度过了一个冬天，其间的那个夏天（1909年）是在瑞士度过的。后来，他恢复了体力，避免了一场灾难。从1903年秋天起，他重新回到哈佛从事教学工作，并继续从事《经济学季刊》的编辑工作。此后，他被选为美国经济协会的会长，在1904年到1905年期间他都担任这一职位，但也仅此而已。1901年到1905年在他的学术成就史中是一段空白时期。

1905年底，他又恢复了从前的状态，重新成为一名教师兼学者。在这期间，他充分地发展了他的教学方法，因具有高超的教学技巧在世界范围内享有盛名。在科研方面，他在最初选定的国际贸易领域继续钻研，这些年他所写的大多数论文都属于这一领域。他的努力并没有白费，他收获颇丰，这表现在他于1915年首次出版的《关税问题面面观》一书中。这本书是一部内容丰富的杰作，运用了大量产业界的事实进行分析。

也是在1915年，陶西格到布朗大学教学，并以"发明家和会赚钱的人"为题把讲稿出版了出来。此书是他对自己感兴趣的问题的研究成果的汇总，而且他是最有资格写此书的人。这个一般的研究领域可以称为经济学的社会学或经济行为的社会学。制度研究是其中的一部分内容，另一部分内容则是建立制度背景上的对个人或集团行为的研究。在这一广阔领域里，关于企业家类型和行为的现实分析，是陶西格研究最重要的方面之一。随着时间的推移，他在这类问题上倾注了越来越多的心血。

但是从1905年到1911年，经过多年的教学和深思熟虑，陶西格把主要精力都用于写作《经济学原理》。这部作品分为两卷，于1911年问世。它一经出版就取得了巨大的成功，成为使用最广泛的经济学教科书之一。它表现出了一位卓越的教师的智慧，无论用什么言辞都不足以形容它的成功。陶西格不仅承担了讲授事实和方法的责任，还教授了态度和精神。他承认经济学家的权利和职责是判断公共政策、引导公众舆论、确定合理的经济目标。有关这个问题，虽然有人持怀疑态度，但他始终抱着坚定的信念，并且以他生来就有的强烈责任感来履行这一职责。和马歇尔一样，他宣讲的是那个时代的真理，并且试图揭示它们之间的关系。他按照教学的最高标准来讲授，给人以深刻的印象。像亚当·斯密一样，他坚信传授经济学就是传授人类的美德。为此，他进入了伟大经济学家的长长的行列中。

但这不是他的全部成就。无论对与不对，一般人都认为教科书是传播已有的研究成果。当然，关于整个领域的有系统的研究，这类成果是必不可少的。但陶西格的论著在极大程度上系统地展现了他自己的思维。这一点在他写的第四本关于国际贸易的书中体现得淋漓尽致。那是关于国际贸易的最好的论著之一。这本书第3卷（货币与银行）中的许多论点阐述了他的精辟见解，第6卷（劳动）、第7卷（经济组织问题，如铁路、产业组合、公共所有权和统制，以及社会主义）及第8卷（赋税）也是如此。

他的第一本书《生产组织：财富与劳动、劳动分工、大规模生产等》除了用传统的方式全面介绍经济学外，还在"资本"这一章里提出了独特的观点。这些意见在他的第二本书《价值和交换》和第五本书《分配》中占统治地位。在这些书里，陶西格提出了他对于我们现在所谓古典体系的意见。这一体系也标志着经济学的教学从研究古典著作（亚当·斯密—李嘉图—穆勒）向研究现代理论著作过渡。他把他的理论体系建立在《工资和资本》一书已经奠定的基础之上。在此期间，他稳步发展了这一基础——主要通过他的《资本、利息和收益递减》（《经济学季刊》，1908年）和《工资理论概要》（《美国经济协会会议录》，1910年）等文章。这些文章中的许多观点甚至连现代思想家都无法接受。这些成果真正有意义的地方在于，他在马歇尔和维克塞尔等一流的著名经济学家中争得了一席之地。

他的伟大著作《经济学原理》一书的最终定稿工作是在一片忧伤的气氛中完成的。陶西格夫人的健康状况曾一度令人担忧，陶西格在1909年申请休假一年，这一年他们夫妇是在纽约的萨拉纳克度过的。1910年4月15日，他的夫人在那里与世长辞了。但是他仍然一心一意地继续进行研究和教学工作。

他常引用的一段话，也是他在1914年学位授予典礼上所做的报告中的一段名言，可以准确地勾勒出他在1917年以前工作与生活的画面："过去的七年间我的生活是安静的，夏天到了，我们去科都伊特的别墅避暑，冬天则留在剑桥工作。我继续讲授几乎和前些年相同的课程，我把很大一部分精力倾注于经济学这个科目的第一门课程，即'经济学Ⅰ'，现在它成为大学课程中最重要的选修课。我们系的政策，当然也是大学的一般政策，是不将学生众多的普通课程交到青年讲师的手里，而把它们交到年岁较大、经验较多的教师手中。"

1912年春天，他曾到欧洲短期旅行，并作为波士顿商会的代表出席在布鲁塞尔召开的国际商会大会。同年9月，他又出席了在波士顿举行的国际商会代表大会。

1917年初，他担任了一个新的职务——关税委员会主席。这个职务他一共担任了两年半，并完成地很出色。他的天性决定了他乐于为社会服务，而且他一生都是一个优秀的公务员。

领导一个新的公共机关，制订其精神和它的日常工作制度，并创设一套新的惯例，是在公共行政学中所能遇到的最困难的工作之一。这在任何国家都是如此，但在美国表现得尤其突出，因为任何新设的机构都难以摆脱顽固的官僚主义工作作风。在美国的行政条件下成功地完成这样一项工作，无疑证明了陶西格不同寻常、强有力的个人魅力，而且考虑这一机构的半科学半司法的职能，陶西格是最合适的人，并且他从各方面来看都是绝对成功的。他认为关税委员会必须以调查研究为基础，然后采取谨慎的步骤由研究推进到提出建议。同时，他还认为，对一些不法事件，必须采取法律手段，而不是仅用片面的报告来敷衍。这样，关税委员会在他的领导下，对关税法案所列的一切重要商品进行了系统的研究，以便在有修改的机会时能够向国会提供可靠的资料。

他的另一个计划是修改海关行政法规，这些法规是从1799年开始的驿站马车时代遗留下来的，已经不适用于当时的状况。委员会的建议后来被全部采纳了。

此外，他还提出了设立自由港、自由区的报告以及国与国之间提供互惠条件、签订贸易协定的报告。这两个报告不仅是优秀的著作，而且对国家政策的形成产生了相当大的影响。这些报告在很大程度上是他个人的工作，代表着他个人的意见。由于思维开阔，广泛吸收各种合理的意见，所以他

1903年，在巴黎郊区的苏雷斯内斯，小贩拿着汽油罐和漏斗向司机出售汽油。19世纪后期，法国经济有所发展，垄断组织相继出现，银行资本的集中尤为突出，成为仅次于英国的资本输出国。

并不是靠行政上的职务成为杰出权威人士，成为他所研究领域佼佼者的。对此，在他辞职后不久，关税委员会在其制订的《第三个年度报告》中这样说："陶西格博士在1919年8月1日辞去他的职务，这使委员会遭到了不可弥补的损失。多年来他对于美国关税历史和关税政策的了解已经超过了任何一个当代美国人。他关于这些问题的几部书和大量论文对广大学生和立法者有着长期的指导作用。同时，他在其他领域的造诣、对商务的了解及与商界人士的广泛接触，使他的著作丝毫没有表现出一般专家所具有的狭隘性，使他能够正确预见关税政策及其实施细则的意义。它既有学者和理论家的眼光，又有实际工作的知识和判断力。他把理论与实际高度结合在一起，再加上他强有力的个性和充沛的精力，使他被总统任命为关税委员会主席，这得到了人们的普遍认可，对委员会正确、公平和有效地开展工作起到了积极的作用。在以后两年多的时间里，他凭借自己的智慧不遗余力地贡献自己的力量，对委员会的组织、工作计划的制订与实施、调查研究、收集意见和提供指导等工作提供了不可或缺的帮助。"

随着美国的参战，陶西格的责任迅速扩展到关税委员会职责范围之外。他成为战时工业局定价委员会的委员，曾有一个时期他任职于粮食管理局谷物部及其下属的一个肉类包装工业委员会。他很快就感到负担过重，必须要减轻负担。但是由于威尔逊总统的请求，他保留了定价委员会委员的职位和关税委员会主席的职位。

威尔逊总统充分认识到了与这样一位能干的、热心公益和无私的顾问合作的价值。他们建立了亲密的关系。早在1918年1月，陶西格就一些超出自己职责范围的问题向总统提出了建议，特别是关于美国参加第一次世界大战的目的问题。所以，他被邀请参加和约顾问委员会就是理所应当的事了。同样，他参加了这一委员会所属的关税和商约委员会。他还作为发起人，出席了经济条款一般委员会的会议。总之，他在国内或国外事务的很多方面都提供了帮助和建议。

他参加巴黎和会时，完全没有报复心理，坚定地代表正义和公平的一方。毫无疑问，他的许多个人观点来自他的官方经历，他真正做到了坚决维护大多数人的利益，并且巧妙地避开了许多不合理的要求。但他的工作产生的影响究竟有多深远，我们将永远无法知晓。同时，除了他在题为"巴黎和会亲历记"的讲演中对波士顿某些协会所发表的一些看法以外，我们也永远无法确切知道他对和约中一些不合理的条款究竟有什么想法或感觉。他在这段时间中所写的愉快而近乎闲聊的家信里，只说到他每日的工作和观察。也许他所做的与所想的部分来源于他平时的闲谈，但他从不谈及自己所担忧的工作。针对别人的批评，他总是保持沉默。我们当中有些人可能对此感到遗憾，但这正是他的高尚之处。他的言行都是受深刻的责任感推动的，从不会使他的合作者失望。

在1919年6月回国之前，他就把脱离关税委员会的辞呈递交上去了，实际上该辞呈是在1919年8月生效的。但是从1919年到1920年，他还在总统的工业协会工作，并在食糖平衡局工作到1926年。

四、元老（1920—1940年）

60岁时，陶西格回到了哈佛，继续从事教学和研究工作，他的声望和威信日益提高。他怀着年轻人般的热情，继续完成他早年"在剑桥生活，为哈佛工作一生"的誓言。

他的生活又回到了原来的轨道，每天愉快地工作，有时进行短暂而轻松的散步，到了夏天他还会去科都伊特长时间地游泳，晒日光浴，晚上偶尔也会欣赏一场音乐会。但更多的时间，他是和朋友们在一起的，其中大多数是男性，并且主要是从事科研工作的人。他强烈的个性使他成为聚会的中心，以致这些聚会常常带有某种他讲课时的感觉。他愉快而豁达的性格通过庄严而含蓄的外表表现出来，从而使他成为受人敬爱的领袖。他那闪光的美德、活泼的风格和他本人有点守旧的作风，永远铭刻在我们心中。1918年，他和劳拉·费希尔小姐结婚了，他的夫人和蔼可亲，以至于在以后的十多年当中，他的家庭十分安乐祥和，鼓舞着那些对这位伟大的学者充满敬佩之情的年轻人。

在他的整个职业生涯中，《经济学季刊》的编辑工作占据着重要的地位。该刊物已经成为他生命中重要的组成部分，而他也成为《经济学季刊》

的顶梁柱。《经济学季刊》的编辑工作，给了他一个向世人展现其工作与成就的机会。从1896年到1938年，在这40多年的时间里，除了他神经衰弱那两年和几次短期的中断外，为了《经济学季刊》的发展，他怀着极大的热情投身于阅读和批改手稿、约稿、向作者提出修改意见等事务中。而且，在1929年A.E.门罗教授参与这一工作以前，除了秘书的协助以外，他在几乎没有任何帮助的情况下工作。他的成就是惊人的，而这无疑归功于他为保证《经济学季刊》稿件的高质量所做的努力。可以说，《经济学季刊》为全世界经济学的发展做出了巨大贡献。

这样的成就是罕见的。实际上在这个领域中，能够达到陶西格水准的编辑，很难找到第二个。要想寻找他在这方面取得成功的秘诀，首先要了解他的性格。在他的性格中，能力和宽厚完美地结合在了一起。他很有把握地领导着《经济学季刊》的工作，拒绝让各个委员会来妨碍他的工作。虽然他偶尔也征求意见，但能独立于这些意见而自己做出决定。在一般情况下，采取这种做法并坚决主张自己意见的人，易于失之褊狭和独断，但陶西格是一个例外。他往往一眼就能看出稿件质量的高低，进而决定是否采用，至于作者论述的方式或结论是否符合他的口味，对他来说无关紧要。这方面突出的例证是他对有关数学稿件的处理。他自己对数理经济理论，即使不讨厌，也采取了怀疑的态度，可是他仍然欢迎这方面的高质量稿件，尤其是亨利·T.穆尔的投稿。在他担任编辑的最后一年，他愉快地接受了这方面前所未有的技术性最强的作品。由于遴选作品的标准十分苛刻，他发现自己面临一个所有科学期刊编辑共同面临的问题，即如何缩小刊选作品与大众口味的差距。一方面，他希望《经济学季刊》的讨论内容符合当时的经济形势；另一方面，他更乐于讨论按照一般原则来处理与解决的问题，他试图寻找人们会永远感兴趣的话题，而且从某种意义上说已经找到了。关于时事评论问题，他特别喜欢对于经过仔细选择的书籍的评论文章，从而避免了一个编辑所面临的困难。

就是这样一位富有创新精神的编辑，后来成了一名职业教师。但是当我们回顾那些岁月时，所想到的是作为哈佛教师的他。我们自始至终都在强调，他的精神大部分集中在堪称无与伦比的工作上。他在该领域形成了自己的理论体系，而且对于经济问题的总体看法产生了深远的影响，但也不可避免地会遇到对立者，甚至比他更优秀的人。作为掌握教学艺术的大师，本国或任何其他国家都无人可以与之匹敌。现在让我们来看一下他的教学方法。

我们已经知道，他那激动人心的演讲给人们留下了深刻的印象。他也当过导师，是一位鼓舞人的讲师。他能成为世界知名的教师，和他的教学理念紧密相关。从1928年起，他专门教授理论知识，特别是他心爱的（研究生的）课程"经济学Ⅱ"。这是一门介绍美国学者经济思想的课程，后来在美国的很多大学和学院中广泛开设。他的成功还在于采用了课堂讨论的教学方法，即先根据当时的经济形势提出讨论题目，再决定讨论方式。

他是最早认识到以下事实的人之一：经济理论像任何其他学科的理论一样，不仅仅是方法论或哲学的宝库，而且是用以分析现实生活中经济模型的一种工具。因此，老师应该向学生传授的是观察事物的方法、思考问题的习惯和针对事实发现问题的艺术。仅仅懂得这种工具是不够的，学生必须要学会如何运用它。陶西格喜欢把完成这一目的的方法叫作苏格拉底的方法。在每一次课堂讨论会上，他总是针对某一特定问题要求学生展开讨论。令人佩服的是，他总是知道如何使讨论变得生动有趣，让学生们通过争辩得出结论。在陶西格的指导下，每次讨论都获得了圆满成功。有一次，他从课堂讨论会回来后，告诉一位朋友："我对我今天的做法感到不满意，我自己说得太多了。"

在选择授课内容方面，陶西格总是选择介于过去和未来学说之间的内容。在他那个时代，往常所说的"古典经济学"（在1776年和1848年之间卓越的英国经济学家的理论和方法）正在逐渐退出历史舞台。但是当他教授以马歇尔的理论为主的现代理论时，总是不忘考虑古典经济学的背景。在那个时代，各种经济学说层出不穷，他密切注视这些理论的发展动向，只要这些理论的基础经过研究后是站得住脚的，就介绍给学生。这一方针和他作为一个教师的巨大成就很有关系。他避免只会使少数人产生兴趣的过度的精密，

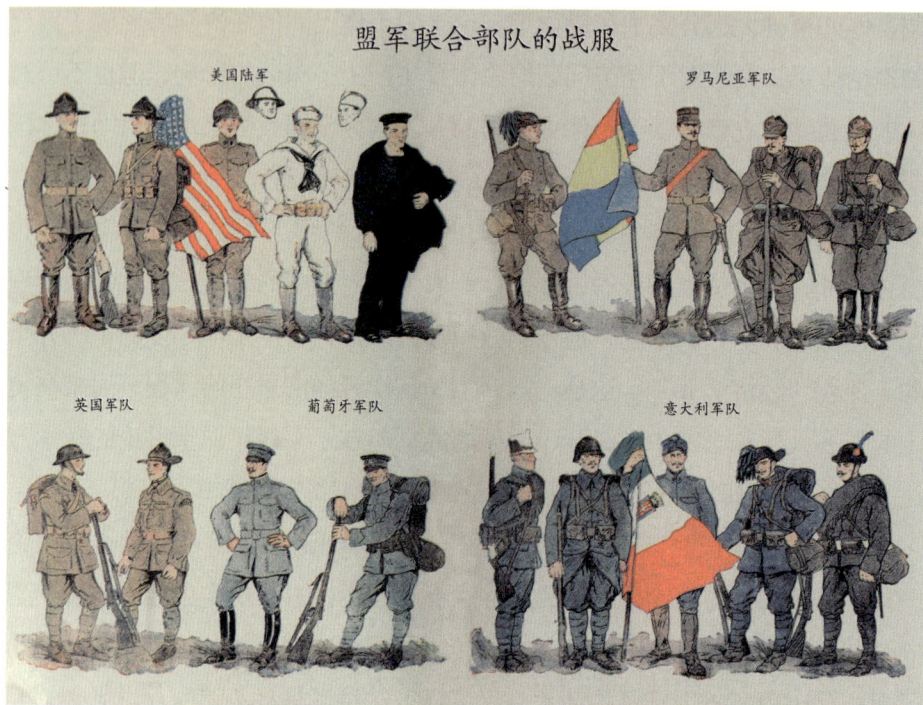

盟军联合部队的战服

美国陆军　　　　　　　　　　　　　　　　罗马尼亚军队

英国军队　　　葡萄牙军队　　　　　　　意大利军队

第一次世界大战中与法国结盟的国家的军服。这些国家包括美国、罗马尼亚、英国、葡萄牙和意大利。

同时坚决摒弃肯定会过时的东西。

学生们深深地爱戴着他，他的授课方式中蕴含着很多的智慧和丰富的经验，然而这还不是全部，远远不足以说明他在教学方面的成就。除此以外，他还成功地把他的高尚精神和公共责任感传播给周围的每一个人。

像从前一样，他最后几十年的研究成果也分为三部分。

第一，从他于1920—1934年发表的近60篇科研成果中，我们可以发现，其中很大一部分是关于国际贸易的。当然，里面也有他在关税委员会工作时及对战时与战后问题方面的研究成果——这些经验不仅提供了有意义的实践和验证他的观点的机会（顺便说一句，这些观点比反对古典学说的观点要有意义得多），而且引出了新的发展。他的一本论文集《自由贸易、关税和互惠》于1920年问世。1927年，他出版了著名的《国际贸易》后，便不再教授这门课程，但他仍然对它有兴趣。

这部论著包括了一些新的东西，我们在这里暂不介绍。但总的来说，这部著作反映了陶西格的清晰思路，包含了他在这一领域所做的大量工作和教学成果。这部结构严谨的著作的真正价值在于创立了国际贸易的理论体系，从而为以后的理论学家的工作排除了许多障碍。他采用多种方法，提出条件假设，从劳动价值论的角度进行了研究。他认为，只有这样，才能解决国际贸易中的一些基本问题。如果脱离大量的附加假设条件，该书中的论点将难以成立。他的这种分析方法，使得许多人认为陶西格是古典学派的代表人物之一，但他对这类分析方法从未产生很大的兴趣。他使用手头上所发现的一切工具来补充他的理论，哪怕这种工具是李嘉图的，它的使用者在一些方面也远在他的时代之前（参阅他关于原料国际分配的远大计划）。他在真正感兴趣的实际问题方面的成功是令人感到惊讶的。名家不愿舍弃过时的工具往往不足为奇，但过时的工具在这位大师手中居然能够起到这样大的作用，不得不令人叹服。

这一理论并非陶西格的全部成就，甚至不是其主要成就。撇开他的广阔的视野、高深的智慧和对政治关系的敏锐分析不谈，只考虑他的成就的纯粹科学方面，我们也不得不欣赏他的工作方法和以计量经济学的精神领导他的许多学生去工作的方法："理论"要有"事实"的证明，或者用他所选择的表达方式说，理论要用实际事例来检验。在这里，我们还要指出他运用了当时流行的时间序列分析的方法，虽然只是简单的应用，但也超过了一般计量经济学家的水平。另外，他将经济史作为工具来分析问题的方法也产生了深远的影响，从而使经济史学家更懂得经济理论，使理论家更了解历史。

第二，1932年他与C.S.乔斯林博士合作完成的著作《美国商业巨头的兴起》，树立了又一块里程碑。我们已经看到，陶西格对我们叫作经济的社会学的兴趣正逐渐增长。个人的行为和动机首先吸引着他，令他之后的研究方向有所转变。少数经济学家认为，应由社会选择其领袖，他是其中之一。这些领袖的活动对社会起着重要作用，如封建社会的骑士就对当时社会的发展与命运起着至关重要的影响。为了更好地研究这一问题，他做了大胆的尝试，通过问卷调查，广泛搜集白手起家者或他们的后代在美国工业中的作用。不管我们认为陶西格根据这样搜集的资料得出结论的方法是好是坏，我们都不能否认：通过从各个方面观察问题，还原事物的本来面目，这种研究本身就是一种天才的创举。

第三，在他出版发行的理论文章中，我们还必须提及他在《经济学季刊》上发表的两篇论文。第一篇是《对于成本曲线的研究》（1923年），这篇文章值得一提是因为近年来这一课题越来越显示出其重要性，这是他在关税委员会工作的结果。他在文章中提出了总成本曲线理论。的确，这一特殊理论并未被证明是成功的，但它起到了"开路先锋"的作用。第二篇文章《市场价格是确定的吗？》（1921年）对科学思想的发展产生了促进作用。据我所知，陶西格是第一个面对以下事实的人，即如果在经济学中运用定量分析，那么经济学理论迟早将由静学向动学方向发展，由研究一般均衡向纵深方向发展。由于技术方面的原因，这一倡导到现在为止还没有为人们所接受，但是这一天一定会到来。

当陶西格称为"不可避免的结局"开始投出它的影像时，阴暗的日子逐渐向他逼近。从1932年开始，陶西格就没有什么大成就了。在课堂上他的工作仍然是杰出的，但慢慢他感觉到力不从心了。这对于认为生命就是工作的陶西格来说一定是非常痛苦的，但他没有踌躇。1935年，他辞去教授职位，并于1936年辞去编辑职位。关于自己的退休，他后来这样写道："对于我的退休，我的同事和朋友都为此感到遗憾，他们的善言让我感觉已经成功地实现了凤愿——在人们还能够比较坦率地说'可惜'的时候退休，而不是等到他们可以完全坦率地说'是时候了'的时候才退休。"

令人欣慰的是，当他辞去杂志社的工作后，他又全身心地投入到了另一项工作中。《经济学原理》是他长期以来极为关心的。第3版的修订（1921年）是突然进行的，所以，他从来不觉得满意。1914年以来的巨大的经济和社会变化，使得几乎任何题目的论述都不同往日了。因此，他把剩余的精力投入到对这本书的第四次修订中去。这一工作无疑是艰难的，他对其中的部分内容进行了重新编写。另外，他还彻底修改了第3卷（货币与银行）和第5卷（分配）。他得到了一些能干的合作者的帮助，成功地完成了最后的修订。1939年8月，他完成了该书的序言，从而结束了修订工作。新修订著作的一般结构、观点和研究方法都没有改变，理论结构的基础也没有改变。

他这样做是明智的。作为一位经济学家，陶西格的工作具有独特的历史地位，而且这一地位是永远不可能消逝的。想用毫无特征的折中主义来抹去它的鲜明特征是不可能的。结合美国经济学的发展历程，从他的作品中，我们能深刻地认识到美国经济发展的特征。首先是汉密尔顿及其他同样充满着智慧、具有实践知识的专家，随着环境条件的变化，不仅仅对经济学进行哲学的讨论，还对其他有关的问题进行研究。但这在美国仅仅是个开端，还未形成气候。接着出现了丹尼尔·雷蒙德类型的拥护贸易保护主义的斯密派，以后又有像亨利·凯里这样有创造性但缺乏锻炼的思想家。在南北战争[1]及第一次世界大战后，经济学开始向好的方面发展了，首先是缓慢的发展，后来发展得很快。陶西格的名字，与任何其他人的名字相比较，对促进这一发展起了更多的作用。在他成长的年代里，像其他习惯于进行认真思考的人一样，他按照穆勒的方法学习英国的著作，并学会了一些基本理论，这一点与马歇尔相似。但是任何思想敏锐的人在阅读穆勒的著作时，都能看到李嘉图更伟大的形象在上面俯视着。在李嘉图那里有着一种陶西格认为能够接受的指导精神，但他不是简单模仿，而是创造性地接受它。在从李嘉图的工具出发的其他人（包括马克思）面前出现的困难，也一定会出现在他的面前。当他努力研究李嘉图名著第1章的第4部分时，他接触到了庞巴维克的理论，这对他详细地阐述资本额与工资理论提供了很大帮助。像马歇尔一样（马歇尔

1　南北战争，又称美国内战，是美国历史上一场大规模的内战，参战双方为美利坚合众国（简称联邦）和美利坚联盟国（简称邦联）。这场战争不仅改变了当时美国的政治经济形势，导致奴隶制度在美国南方被最终废除，而且对美国社会产生了巨大的影响。——译者注

第一次世界大战期间在法国弹药厂车床旁工作的工人。法国虽然是第一次世界大战中的战胜国，收复了阿尔萨斯和洛林，夺取了德国一些殖民地，但损失惨重。战后，法国经济出现严重困难，政局不稳。1914—1940年之间，法国内阁变更45次之多。

的道路是不同的，但基本原理是相通的），他也不喜欢效用分析，只不过在程度上较轻而已。陶西格认为，用"边际劳动生产率递减"这个概念就能描述他的工资理论，他达到了这个目的。从某种意义上说，他和马歇尔都采用了适用于19世纪90年代理论体系的古典学派分析法，即尽管有一些技术上的限制，他们仍采用简单的曲线来分析问题，都采用推理法来研究历史问题，而且强烈希望解决当时的热点经济问题。正如他们所做的，彼此互相尊重，但在涉及理论问题时绝不委曲求全。

《经济学原理》新版完成以后，陶西格的生活有一段很长的空闲时间。他不断努力，想要把它充实起来，可是没有办到。他并没有虚度光阴，他永远觉得还有工作要做。但由于健康原因，他很快就不能坚持工作了，唯一能做的就是开始叙述他父亲的一生。尽管这对他来说很费力，但他一直努力着，他是一个工作到最后时刻的人。事实上，很少有人的遗作像他的遗作那样值得保存。

虽然到了最后的日子，但他的身体并没有出现老年人常有的不便。他仍保持着良好的状态，耳聪目明，还有充沛的精力去散步和游泳。他没有任何思想包袱，与往常一样，在科都伊特的家中度过暑假，新学期开始再回到剑桥。1940年，他在剑桥患病，昏迷了一个多星期，再也没有醒过来。1940年11月11日，陶西格平静、安详地离开了人世。

第七章

欧文·费雪

（1867—1947）

一

这位已离开我们的伟大的美国人绝不仅仅是一位经济学家。关于他所支配和深深影响的广阔领域,及其思想赖以产生的那个时代的学术氛围,在《计量经济学》中有了极好的反映。因此,我将只谈及费雪在我们这一领域中的纯粹科学工作。这将限制我们的主题,但不会削弱它的重要性,除非在我的论述中出现过失。不管费雪还有什么其他身份——社会哲学家、经济工程师、在他认为对于人类福利来说是十分重要的许多行业中热情的改革运动者、教师、发明家、商人——我敢预言,伟大的经济学家的身份是他名垂青史的主要原因。

我将进一步限制我的主题。费雪的亲密合作者对他的统计工作做了一个生动又准确的描述,尤其指出了《指数的编制》一书和他对统计方法最独特的贡献——"分布的级差"的历史意义。我不再重复他已经写过的东西。在以下叙述中,我把他当作一位理论家,而不是统计学家来进行研究。虽然如此,我不可能完全不涉及他作为统计学家的研究工作。自始至终,费雪的研究目的就在于创造一种应用于统计的理论。换句话说,其目的不仅在于数字,而且在于数字的结果。他的整个工作完全符合"经济理论对统计学与数学关系的发展"和"理论数量与经验数量研究方法的统一"这一纲领。考虑他的第一本书问世的时期,我们必须把他看作自威廉·配第以来在计量经济学方面最有影响力的先驱。如果有人要问我为什么会毫不犹豫地用"伟大"一词来形容他的工作,我将用这一点来回答。基本上,这一工作包括在6本书的范围之内:《价值与价格理论之数学的研究》《增值和利息》《资本和收入的性质》《利息理论》《货币购买力》及《繁荣和萧条》。

二

在美国统计学会为欧文·费雪举行的宴会上，当拉格纳·弗里希[1]把《价值与价格理论之数学的研究》描述为具有"不朽的重要意义的一部作品"时，我相信他的话一定震惊四座。虽然1926年的重印和其他原因使这部作品免于退出伟大著作的行列，但经济学界从来没有给它一个完全公正的评价和地位。通常的情况是，那些权威理论家认为费雪的主要功绩只在于：早在1892年，他就已经对瓦尔拉斯的价值和价格理论提出了一个简洁而细致的叙述，并用精巧的具体模型加以说明。因此，在这里，我有必要提醒读者这部著作的真正贡献是什么。

在解释这一贡献之前，我们必须从另一个任务开始。那就是要对费雪本人做到公正。为此，我们一定不能局限于在他的作品中客观上被称为新奇的观点，还必须考虑其中在主观上新奇的所有观点。也就是说，要考虑他本人并不了解先于他的理论的情况下，他所发现的一切。若换了其他人（如李嘉图和马歇尔），我们也要这样做，也只有通过这种方法，我们才可以对科学中一些最伟大的人物的才能做出一个真实的评价。把这一原则应用到费雪的《价值与价格理论之数学的研究》上，通常我们会发现评价是不充分的，甚至与事实相差甚远。在分析经济学的历史中，除瓦尔拉斯以外的任何人的名字都不应当和一般均衡方程式相联系，但我认为费雪所说的"发现了均衡等式"（第4章第10节）是合乎情理的。虽然他没能提出瓦尔拉斯体系的全部内容，但提出了核心内容。而在1890年，除了杰文斯外，他还没有接触任何其他数理经济学家的理论，只是在第二部分完成之后的第三天，收到了并且第一次看到埃奇沃思教授的《数理心理学》。虽然各种各样的无差异变量和偏好方向等还是会优先归于埃奇沃思名下，但当我们对于这位已经离去的朋友

1　拉格纳·弗里希（1895—1973），生于奥斯陆，是数理经济学和经济计量学研究领域的先驱，主要致力于长期经济政策和计划，特别是关于发展中国家的问题。他首先提出了经济计量学的定义，并第一个运用经济计量学的方法分析资本主义的经济波动，首创描述资本主义经济周期的数学模型。1969年，由于在经济计量学及其应用方面做出的贡献，弗里希被授予首届诺贝尔经济学奖。——译者注

的思维能力有所了解时，也不该忘了费雪做过的说明。他从杰文斯、奥斯匹兹和里本的作品出发开始研究，从中得到了很多收获，不仅仅是沿袭、简化和证明了瓦尔拉斯的理论。

他在一个特定研究领域中的成就完全得益于自己的努力。为了表达得更清楚，我称这个领域为效用理论，除非读者允许我使用自己的术语——"经济潜力"。关于这一成就，我发现很难说明我想表达的意思，不仅仅因为限于篇幅。更重要的是，这一领域目前的情况，使我不可能在陈述意见的同时避免误解。此外，费雪的贡献具有两面性。让我们分别看看这两个方面。

第一个方面使我们想起帕累托。在帕累托不承认效用是一种心理实体（更不要说是数量上的）的至少8年之前，费雪在《价值与价格理论之数学的研究》的第二部分，就大体上预见到了异议的痕迹——从帕累托到巴罗诺、约翰逊、斯拉茨基、艾伦与希克斯、乔治森，最后到萨缪尔森[1]，这种异议一直存在。杰文斯的最终效用和埃奇沃思各种各样的无差异理论，都是盲目接受边沁的满足和痛苦的计算方法的产物。埃奇沃思不仅臣服于功利主义，而且通过介绍费希纳的"可察觉的满足度的增加"理论，重点强调了这一体系。费雪认为：效用必然可以有一个定义，能够把它和它的实证的或客观商品的关系联系起来（序言，第6页）。但在第二部分，他走得更远。在揭示出每种商品的效用是所有商品数量的函数之后，最后得到的结论完全倾向于根本不需要任何效用论的主张。接下来的是一个缺乏任何心理内涵的概念，它包含着帕累托之后所出现的一系列理论的萌芽。费雪实际上是选择逻辑的始祖，虽然他没有使用这一名词，但可以在这一部分找到对以后的讨论起重要作用的细节问题，如可积分性问题。

另一方面使我们想起弗里希。在以萨缪尔森的假定为基础，以效用论这种既不能被承认又多余的证据为逻辑终点之前，费雪在这种限制之下来解释效用的单位，即任何一种或至少一种商品的效用只取决于它自己的数量，而

1　保罗·萨缪尔森（1915—2009），美国经济学家。他发展了数理和动态经济理论，将经济科学提高到新的水平。他的研究涉及经济学的全部领域，于1970年获得诺贝尔经济学奖。——译者注

和其他商品的数量没有关系，从而非常简单且卓有成效地提供了关于衡量这一不存在的、多余的东西的理论。这一限制也许得不到承认，就像将哥伦布的旗舰与现代邮轮相比较时会发现前者有很多缺点一样。这种方法也存在诸多不足，但它仍然是新生的经济学中最杰出的成果之一。我希望《计量经济学》的读者都熟悉和弗里希这个名字有关的理论的进一步发展。现在我仍要回到那个问题：一位能够写出《价值与价格理论之数学的研究》第二部分的人，怎么可能认为测量边际效用是计量经济研究的正当目标呢？难道证明这个观点仅仅是为了不引起怀疑吗？答案似乎就是这样。实际上，虽然他像帕累托一样保留了与此相抵触的说法，而充分证明了心理效用（第一部分）没有引起人们的怀疑，但是与帕累托不同的是，他认识到测量方法的一个有意义的问题也会在选择逻辑上发生，或者说，基本效用和心理效用并不像我们大多数人所认为的那样紧密地结合在一起，就像我们可以测量热力但不需要也不能测出热的感觉一样。当然，整个观念现在被乌云笼罩着，几乎没有人对它产生兴趣。但我相信它会焕发应有的光彩的。

三

　　瓦尔拉斯体系提出了体现选择逻辑定理的行为方程式或最大化方程式。这些选择有一些限制，其中一部分限制包含在行为方程式中，另一部分则包含在体系的均衡方程式中。这个体系很全面而且承认不同的解释，也就是可以根据我们对用作典型的现象进行概念化的方式，使它产生不同的"解释"。因此，为了使这个体系具有一种独特的意义，必须给它补充一些东西。这些东西从一般意义上说，只是同义反复，但对于经济学家来说，却涉及他对自己所分析、研究的经济世界结构的全部见解，并且在未获得充分的证据时，其分析的许多结果会带有偏见。既然理论的核心在于建立合理的纲要，那么理论就该被称为经济计算方法的理论。我们也可以说瓦尔拉斯体系预先假定经济计算的图式，而不说它以解决概念化问题为先决条件。从过去到现在，我们凭经验知道，这一概念化或计算图式集中于资本价值和收入价值理论。这就是为什么瓦尔拉斯在他的《纯粹政治经济学要义》中加入了一些可以算作会计学基本原理的东西，并且这也是欧文·费雪会用《资本和收入的性质》来补充《价值与价格理论之数学的研究》的原因。根据我的理解，这一部分在一定程度上成功了。大多数人对它感到厌倦，认为其中除了延续了关于这两个概念的讨论之外，没有什么其他的东西。但也有少数人十分欣赏它，帕累托就是其中之一。

1893年芝加哥世界哥伦布博览会上的电气大楼，许多美国人在那里第一次看到电灯。美国在第二次工业革命中大放异彩，进入经济迅速发展的时期，成为世界大国。

　　首先，费雪完成了一项很久以来悬而未决的任务。我不知道别人是否和我一样，会对这样一些历史事实产生深刻的印象：经济学家往往会忽视那些显而易见的方法和途径。贝努里的建设性短论的命运就是一个例证。经济学家不能与工程师联手合作是另一个例证。但没有比19世纪的经济学家忽视从会计的和保险统计的实践中学习，然后试着根据经济理论的观点加以合理化的这种态度更能说明问题了。人们最近才试图做这两件事，但两者中比较重要的一件——毫无疑问是下意识的——就是以费雪为榜样。来自会计师的反应只有一部分是积极的，坎宁教授的作品是突出的例证。其他人批评了他，但这不重要，重要的是费雪已经打破了坚冰。

　　其次，可以说，费雪在这一领域中的成就和他在指数理论领域的成就有关。当他研究后者时，距卡里大约已经有一个半世纪，距弗里特沃德有将近两个世纪了。前人就这一学科已经做了大量的工作。费雪的贡献一方面是系统化，另一方面是合理化，建立了指数应当满足的许多标准。他在成本和收入原理上也是这样进行研究的。从这些概念所要实现的目的着手，他合理地得出了一套关于财富、财产、劳务、资本和收入等的定义。这一套定义由于符合了一个合理的纲要而显得新颖。虽然并不能令每个人满意，但它是一个重要的、有示范性的理论，尤其是它引起了现代理论对存量和流量差别的重视，同时它引出了以下定义：净收入＝可实现收入－资本的贬值（或"＋资本的增值"）。若按照费雪的术语来看，则这一定义是和人们讨论很多的"储蓄不是合适的所得税对象，或征收储蓄税会引起重复课税"主张相联系的。

　　最后，这一作品扫清了向利息理论方向前进的障碍。当然，它所涉及的原理是庞巴维克的理论，或者是杰文斯的理论。为了得到这本书所阐述的关于资本和收入价值之间的关系这一概念，我们只需要观察并弄清楚商业实践的折现过程就可以了。这一关系反过来又揭示出这样的观点：利息不是对拥有生产资料的特殊阶级的回报，而是折现过程的结果。从逻辑原理上说，这种折现过程普遍适用。像"土地的地租"和"资本的利息"不应当等同起来这样的问题，尽管马歇尔没有用过多的语言叙述，但他已经认识到了，而且他的准地租概念明确了这一点。阐述了它的一切含义，并在这一基础上建立自己结构的是费雪。

四

《资本和收入的性质》在某种意义上说，是《价值与价格理论之数学的研究》的姊妹篇，所以《利息率》（1907年）是两者的产物，也是《增值和利息》的产物。他在1930年发表的《利息理论》中又对其做了一些修改。就其结构范围内的完善程度来说，《利息率》是一部非常精彩的作品，是利息文献中的最高成就。第一，这一作品是数学方法的杰作。它教导我们如何既满足专家又满足一般读者的需要，而不把数学赶到注解或附录中去。这部作品教导我们如何运用适当的摘要和能说明问题的例证，并且引导外行人通过简要的概述和细节的描述，从基本原理中得到重要的结论。据我所知，还没有其他作品能够做到这一点。第二，这一作品的一部分内容显然是属于计量经济学的。把它和任何其他关于利息的理论进行比较，我们就可以看到它们之间在这一点上存在的鲜明差别。第三，该作品讲述的是一个完整的有关资本主义过程的理论，展现出了利息率和经济体制中其他因素间的相互依存关系。这也是最重要的一点。这种理论的两个论据得到了强有力的证实：不耐心（时间折现）和投资机会（边际收益超过成本率）。这本书是为"纪念约翰·雷和欧根·冯·庞巴维克而写，我在他们建立的基础之上经过努力而有了建树"。虽然事实确实如此，但并非每个人都这样想，也不是每个人都肯在原则方面否认自己的创造性。在这里，让我们对费雪的品格表示敬意，同时也要承认他在这些基础之上所建立的结构的创造性。

这一作品的核心是第三部分，它极其清晰地实现了下列主张所包括的内容：利息理论实际是和整个"价值和分配"理论完全一致的，利息并不是工资、地租和利润之外的另一种收入，而是总收入的组成部分。为了便于不懂数学的读者，第二部分重述了相同的观点。第一部分把这一理论与《资本和收入的性质》一书中所发展的概念工具联系了起来。第四部分是一些较晦涩的理论的集合，它包含了重要的第十五章（与第二十一章相比，这一章是全书讨论的真正概要）以及引人注目的具有独创性的第十六章——在第十六章中，费雪开垦了一片天地；而第十九章表述了同样具有创造性的统计工作的成果。这些都是精华，其中极少有糟粕。

各种可以交替利用的收入之间的选择原则，大体上是一般经济分析的枢纽。从这个意义上说，费雪的利息分析基本上是收入分析。这一收入分析基本上是通过真正的实物来表达的，从总体上说，货币因素被看成及时转移收入的工具，而不是被当作流动资产。如果选择费雪的著作作为基础，我们将会走得更远，但是在这一点上还没有取得多大进展。

五

完整的经济理论已在《利息率》一书中得到了一些解释和描述，货币理论的所有要点都体现在了这本书中。与大多数伟大的体系创建者一样，费雪具有一个宏大的中心理论，他觉得有必要通过这个中心来研究货币问题。在《货币购买力》中他做了这一工作。让我们首先看一看这一作品具有的显著历史意义：它是费雪在计量经济学方面的另一个伟大探索，是他关于物价指数的早期作品。这里出现了交易量指数，以及其他方面的创造，其中有估计货币流通速度的方法。同时，他也精心地做了对结论的统计检验。这一切研究成果都属于早期计量经济学作品中的经典成果。但真正重要的是，这本书的整个论证都是和统计应用可能性这一标准相联系的，它避免了不适合统计计量的任何概念或主张。不论是好是坏，费雪再一次把他的旗帜固定在了计量经济学的旗杆上。

说明这部作品是古典货币理论和现代货币理论间的重要环节并不是一

件容易的事。正如他一贯的做法，他宣称这本书中没有创造性的东西。这本书是献给纽科姆和其他先辈的。这本书的第四章、第五章和第六章是核心内容，但不只是一种简单的综合而已。毫无疑问，费雪接受了在当时仍然很新颖的银行信用理论，指出了在银行信用周期中利息率的杠杆作用。他明确地承认速度的变动性——必须记住：不变速度这种假定曾经被认为（现在有时也被认为）是"旧的"货币理论的主要特征和缺点。他对有助于决定购买力的许多因素（其中有些合并于"生产和消费的条件"这个分类之下）都给予了适当的考虑。所有这些并不等于将货币理论与价格和分红理论完全合二为一，更别提与就业理论合二为一了，但它构成了货币和就业之间的晋身之阶。

如果真是这样，为什么《货币的购买力》的支持者和反对者都认为它只是最古老的旧的数量理论的另一种表述，而且在很久之前就已经过时了呢？答案很简单，因为费雪曾在序言中这样说过，以后在许多关键的地方也重复过，而且这还不是全部。他把他的精力都放在对数量理论的结论研究上，即至少货币数量增加的"正常影响之一"是"一般物价水平确切地按比例增长"。为了这一结论，他放弃了货币数量的变动可能（"暂时地"）对速度产生影响这一事实的肯定，并在后者是一个制度的不变数这种假定之上进行了论证。为了同一理由，他假定存款通货趋向于和法偿（准备金）货币[1]成比例地变动。在货币过程中，相互作用的各种因素都作为"间接影响"隐藏在五种因素（基本货币和存款的数量，它们的两个速度和贸易量）背后。他为五种因素保留了"直接影响"物价水平的作用，因此物价水平在其著名的方程式中变成了因变量[2]。他用大量的例证进行阐述的正是这个理论。但他毫不吝惜地把所有真正有价值的见解放进第四章、第五章和第六章，并且把它们仅仅当成发生在"过渡期"中的干扰因素，随意地处置它们，这个"过

1　法偿货币（Legal Tender Money）是指依法律规定，可用于在国内偿还债务的铸币或通货。法偿货币具有普遍的流通能力，且不限制其使用数额。债务人提供法偿货币清偿债务时，如果债权人拒绝接受，则会丧失求偿权利。——译者注

2　在函数关系式中，某特定数会随一个（或几个）变动数的变动而变动，就称其为因变量。——译者注

1907—1908年的大萧条造成了严重的经济困难。这些衣冠楚楚、看上去富足的男人正在领取为失业者提供的免费咖啡。

渡期"就是数量理论"不是严格地正确"时。为了能够把握住他的成就的核心，我们必须首先丢掉对他和他的推崇者、反对者来说都很重要，并且耗费了他大量精力的成果。

他为什么这样破坏自己的作品呢？他的论证虽然在自己看来是满意的，却不能证实他的阐述是确切的（参阅修订版第307页关于1886—1909年的结论）。在《利息理论》及其关于商业循环的一些作品中，他的几个论证是和那些表述相冲突的。我们不能强求他的理论或任何数量理论，能通过严格解释为一个均衡问题而被利用，并像马歇尔的长期趋势模型那样有效。因为根据费雪的说法，这一均衡不可能通过只用他的五种因素就能充分理解的一个体系来实现。由这些因素可以归纳出这种均衡，但该均衡无法由这些因素得到"因果式的解释"。另外，他年复一年地运用交易方程式，肯定已经习惯

在佛罗里达州的一家葡萄柚罐头厂工作的妇女们。经济危机爆发后，罗斯福制定农业调整法，对食品加工者进行征税，加强政府对资本主义工商业生产的控制与调节，缓和阶级矛盾。

不均衡的情况了。我不得不认为这位学者是被改革者误导了。他对"补偿美元"寄予厚望，改革热情被充分调动起来了。为了使反对他的人信服，他不得不简化其稳定购买力的计划，不得不简化其科学基础。这就是他后来的想法："发行货币"和"美元"。为了对这个在我看来总是一个谜的问题提出我自己的解决办法，这些解释就够了。我不想进一步研究经济学家的改革运动，但我还是要问一下读者：暂且不考虑其他的情况，单单从这个事例中，费雪，或经济学，或美国，或全世界究竟从这一改革运动中得到了什么好处呢？

六

货币改革者也同样诋毁费雪对商业循环研究的贡献和实际价值。但就这些贡献本身来说，它们要比我们大多数人所认识到的重要得多。它们是计量经济学研究的典范，并且影响着它的标准程序的发展。从这里我们可以看出费雪的计量经济学具有明显的动态性质：1925年的那篇著作为读者提供了一个明显的动态模型，那是在这种模型还不十分繁荣的前几年。最后，费雪凭借令人赞赏的直觉，将循环运动的一切比较重要的"启动装置"列举了出来。只要弄清楚它们的操作方法，我们就能产生一个令人满意的说明纲要。

为了认识这一点，我们必须再进行一次"剔除虚假表象"的处理。"启动装置"并没有处于它们所属的位置，荣誉并不是一开始就能得到的，它们都被写进了第四章。在开始部分，我们看到的是过度负债及其紧缩过程"几乎是一切罪恶的根源"，换句话说，所有的东西都被变成可以机械地控制的表面现象，实际上费雪对各种实际历史事件的术语——"周期"的使用持反对意见。伴随着价格的上升和下降，债务的膨胀和收缩也使我们在货币改革中再次陷入困境。这正是费雪在其著作中真正感兴趣的主题。这时，"补偿美元"虽然仍被推荐，但未受到很大的重视。他不像我们在《货币购买力》中所看到的那样极力主张这一特殊计划，在《繁荣和萧条》的第三部分里，我们可以找到关于货币控制手段的简单而通俗的概述。在这里，几乎找不到会遭到哪一个经济学家反对的观点，而它实际上囊括了所有"通货膨胀"政策。这些政策在接下来的几年里或被采纳，或被提及。我不会贬低费雪的任何成果，也不会对他的才智表现出怀疑。与此相反，考虑发表的日期，我认为他应当享有比他已经得到的更大的荣誉。这不是这本书的唯一优点，在不完善的简略概述后面，出现了一些更大和更深刻的东西，虽然论述得还不完全。

七

《价值与价格理论之数学的研究》《增值和利息》《资本和收入的性质》《利息理论》《货币购买力》和《繁荣和萧条》就像是未经修葺的一个大教堂的圆柱和拱形结构，它们属于建筑师从未重点提及的壮丽的结构。从坎提农开始，经过亚当·斯密、J.S.穆勒和马歇尔，经济学的领袖人物通过系统化的论著给他们所处的时代及后世留下了深刻印象。费雪从未这样对他的思想详加解释。这个忙碌的斗士没有时间理会这些，虽然这是让他的美国经济学同行追随他的唯一方法。不管出于什么原因，他最终没有创立学派。他有许多学生，但没有门生。在他的改革运动中，他曾经和许多派别和个人协力合作过，但在科学工作中，他几乎是孤立的。因此，他必须在不具备学派创始人所拥有的一切有利条件的情况下奋斗，这些有利条件包括后人对学派创始人的每一句维护、解释和发展。从这个意义上说，只有李嘉图主义者、马歇尔主义者和凯恩斯主义者，而没有费雪主义者。对目的如此单纯、如此获得广泛社会认同和如此无条件地信服当时占统治地位的口号——稳定化——的人来说，他一直站在潮流之外，总不能使与他同时代的人或当时正在成长的一代人信服。但这些圆柱和拱形结构将会站得住脚，并且在历史的尘埃掩盖了统治今日世界的思想后，它们依然会闪闪发光。

第八章

韦斯利·克莱尔·米切尔

（1874—1948）

1948年10月29日，米切尔逝世。他一直到最后都保有积极向上的态度，工作到了生命的最后一刻，就像他一直希望的那样——死于工作中。我们哀悼的是一个纯洁的人，一个具有坚定信念又和蔼可亲的人，一位全心全意、尽忠职守的教师，一位真理的虔诚追随者。他没有受到任何来自外界的诱惑，即使是由热情而高尚的社会同情心所催生的那些微妙的引诱。他是一位通过示范和行为来引导大众的领袖，从来不诉诸他的权威或属于他自己的任何权利。但凡接触过他的人都能感受到这种人格魅力，却难以用语言来描述，就像很难用语言描述他广泛的兴趣爱好和他为所献身的事业付出的努力一样。我们爱戴他，深知不会再遇到像他那样的人。

这是我关于这个人所要说的一切。除此之外，这篇纪念文章的重点在于研究他的著作，并描述它们对当代经济学的意义。作为一位学者，他的最大贡献是在他的每一页著作的字里行间蕴含的启示。

一

一个人在连续几代人心目中的地位是由他在二十几岁时受到的影响决定的。如果是的话，我们应当从1903年米切尔来到加利福尼亚大学之前的十年中去寻找原因。在科学正繁盛的十年当中，米切尔一直在芝加哥工作，并于1899年获得了博士学位。他是一个刚强的人，不会轻易受影响：他自身的性格特征也许太强烈，不会受到老师的很大影响。这一点可以归因于他的新英格兰背景和在他父亲的农场中所养成的洒脱不羁的性格，但是英国经济史的精品课程和J.劳伦斯·劳克林在货币和通货政策问题方面的指导还是给他留下了深刻的印象。凡勃伦[1]更适合生来就脱俗不羁的人的口味，他们才思敏捷，反对死板教条和墨守成规，偏爱牧场胜过马房，绝对欣赏讽刺但不会刻意制造。但是不久后米切尔也开始衡量凡勃伦的优缺点，并且在以后的一生中他继续强调生产商品和取得收益之间的差别，很快就对凡勃伦本质中模棱两可的东西感到了厌烦。可是约翰·杜威[2]和雅克·洛布开辟了永远不会失去吸引力的新天地。他们为社会科学开辟的林荫大道比他流连忘返的专业经济学宽阔得多。了解米切尔的经济学和他个人贡献的性质是很重要的，为了比较详细地加以叙述，让我们在这里停留一下。

19世纪90年代是被称为马歇尔时代三个十年中的第一个。但是因为不是每位读者，特别不是每位美国读者，都会同意这一说法中所包含的所有意义，所以我要首先加以阐明。有三种趋势在当时走向了成熟，并产生了1900年的新经济学。第一种是人们对社会改革问题有了新的观点和态度，最好的例证就是德国的社会政治学。第二种是经济史在惊涛骇浪的学院经济学领域里确立了自己的地位。第三种是经过25年的斗争，一种经济理论的新研究方法诞生了——尽管在最常提及的"边际主义""新古典主义"等名词中选定适合这一方法并且不会引起误解的名字的确不是一件容易的事。除了英国是由马歇尔领导，在某种程度上成功地将以上三者统一起来的特殊情况之外，这三种趋势在任何其他地方都互相冲突：不仅在它们彼此之间，与前一时期全国同行所墨守的大部分观点和方法也相抵触。特别是在美国，虽然经济学已突飞猛进，但人们看到的几乎只有过时的教科书，即便F.沃克等人的研究已经改进了这些教科书，但它们依然落后、过时。至于其他方面，则只有杂乱无序了。这么说并不是不尊重被遗忘的或正在被遗忘的名人，但我们可以很容易地理解一个青年在1886年左右进入芝加哥大学经济系，却发现在那里

---

1 托斯丹·邦德·凡勃伦（Thorstein B.Veblen，1857—1929），美国经济学巨匠、制度经济学鼻祖。——译者注

2 约翰·杜威（John Dewey，1859—1952），实用主义的集大成者，他的著作很多，涉及自然科学、艺术、宗教伦理、政治、教育、社会学、历史学和经济学诸方面，使实用主义成为美国特有的文化现象。——译者注

并没有人知道他看到马歇尔的《经济学原理》的光滑表层之下所存在的丰富观念和研究方案时的心情。那时，《经济学原理》是一部既可以学到马歇尔学说，又不必去剑桥听他讲课的唯一著作。在1895年或更晚一些时候，一位极有能力的教师才以实际有用的方式来介绍J.B.克拉克的学术思想。因此，社会政治始终没有遇上敌手，经济史仍然处于次要的地位，新的理论"边际主义"或"新古典主义"被随便地弃置一旁。而极其乏味的教科书（或多或少是按照穆勒的典范形成的）成功地把思想比较活泼的人驱逐到了"制度主义者"的叛变当中。

米切尔所从事的研究工作的前进路线图，我认为完全可以解释为两个平面的交叉线：一个代表环境条件，另一个代表他的心理倾向。像他这样有能

纽约市的华尔街，拍摄于1910年。从与布洛德街交叉的十字路口向东望，前方左边是联邦大厅，右边是摩根大通银行。

力的人注定不会满足于他所看见的事物的状态，必定要到社会现实的浩瀚海洋中去寻找解释的方法。在他看来，经济学家似乎只注意到了整体中极小的一部分，他要的是无限畅游而非浅尝辄止，是对不毛之地的深度探索而非在边缘的徘徊。再说两点就可以完成这一阐述。第一，他总是对逻辑的严密性保持怀疑，就像马驹对缰绳和马鞍有疑虑一样。他仔细观察在这片不毛之地上耕作的人们的工作，很快发现他们不仅只是出于方法论的考虑，可以任意抛弃不现实的"假设"，还是一种"空想"，它束缚了研究者，而不是为其服务。第二，他的思维方式不是"游戏设定"：政治偏见或形而上学的信仰损毁了建立在这一不毛之地上的作品，即使其没有被损毁，对他来说也仍然是没有用的。

如果因此确定了他在制度学派中的地位，那米切尔将永远是制度主义者。我并不希望参与讨论这一难以捉摸的概念的确切意义。这种讨论会时不时地突然爆发，并产生这样的论调：凡勃伦根本不是制度主义者，或者他是唯一的一位。这样反而更无益。因为参加上面所提到的"叛变"的每个人，都会用自身的方案积极填补由于消极的批评而留下的空白。但我们对米切尔的方法论的地位必须加以细致的研究，这一方面是因为他的作品具有突出的重要性，另一方面因为人们一再地（甚至在最近）以一种在我看来似乎不完全令人满意的方式对它加以评论。我们必须考虑三个不同的问题：米切尔关于科学经济学家对"政策"的正当态度的观点，关于保护科学结论免于被观念形态损毁的正当方法的观点，以及关于"理论"的观点。在他的整个成年时期，关于这三个问题的观点很少改变。现在我们可以通盘考察它们。

二

关于第一点，他的做法给我们大家树立了光辉的榜样。像其他学院主义者一样，他憎恨经济学与放任自由主义之间的政治联盟，但他是出于正当的理由而这样做的少数人之一。虽然放任自由主义方案在实践中不完善却得到了社会广泛的谅解这一点可能和他厌恶这一特殊联盟有关，但更重要的原因是，他认为经济学家是没有进入这种联盟的权利的。在米切尔看来，经济学应当是客观的科学，从大量实践中得到慎重确认后的事实和推论，提供给愿意使用它们的人自由支配和处理。他并没有把自己关在象牙塔里。与之相反，他总是随时准备着在必要的时候为公众服务。1908年他在移民委员会工作，第一次世界大战期间他在劳动统计局和战时工业局工作，后来他成为胡佛总统的社会趋势委员会主席（1929—1933年），成为国家计划局、国家资源局、联邦紧急公共工程管理局成员（1933年），成为生活调查委员会主席（1944年），这充分证明了这一点。米切尔的这些工作的性质有助于证实我的论点：它们总是和他的科学使命的概念相一致，始终在观察和解释一种形势中的事实，并客观地陈述实际上正在发生的事情。在有可能想当然地做出决定时，他通过广泛接受切实可行的建议，考虑各种情况，做出决定。但他从来不超越一定的限制，对于像他这样埋头于分析工作，从来不传播任何秘诀，从来不为"政策"辩解的人，我认为这种限制是恰当的。

关于第二点，即关于意识形态的危害，他认识到了这种危害，这本身就可以被看成一个显著的优点。在这一点上所能引发的仅有的问题是：一方面，对于不同意他的方法和结论的那些著者，是否过分倾向于怀疑其意识形态（先入为主）；另一方面，他所采用的补救方法是否正当。李嘉图的分析有许多缺点，但如果不考虑他的政策建议而考虑他的分析的抽象程度，我们就找不到其理论在意识形态方面的诸多缺陷——像卡尔·马克思所承认的那样。米切尔的补救方法——对事实的谨慎的和"客观的"研究，的确会摧毁许多但并非全部的先入为主的看法。即使再小心，我们也难以防止存在于研究者灵魂中而且从来没有被察觉的那些罪恶精神，及其对研究所产生的不良影响。这没什么关系，不能变更这一事实：米切尔是极少数彻底地看透问题的经济学家之一，他们认识到在我们领域中的先入之见仅仅是政治偏见或只是为了保证某种特殊利益。

第三点，"米切尔和经济理论"这一主题所引发的难题比另外两点大得多。这些问题部分是由其模棱两可的含义引起的。在关于商业周期的主要出版物中，米切尔列举了关于这一现象的大量理论，宣布愿意利用可能传达给他的任何建议。他明确表示，不打算与其中任何一个结盟或是为建立同样的模式而受其束缚，他显然用了"理论"一词的"解释性假设"的意思。他的意思可以用这一无可争辩的说明表示出来：这样一个假定应当是具体事实研究的结果或根据具体事实的研究而得出的启示，而不是在研究一开始就确立下来的。公正地说，这种主张是有根据的，特别是不能以这样一种方案在逻辑上是不可能的为由而加以反对。无论如何，我们必须首先确认要研究的现象，这样做就不可避免地会引入一些对实证研究产生指导性影响的因素。换句话说，没有"理论"，就必然不会存在实证研究或"测量"，这也是正确的。但当我们提到它时，我们就会理解这一事实：我们用的是"理论"的另一层意思，即"理性工具"。在这一意义上，米切尔肯定并不愿意把"理论"排除在他自己或其他人的工作的任何阶段之外。关于这一点，我们将予以说明。

虽然米切尔从来没有犯过反对使用概念工具或图式这种荒谬的错误，但他曾反对在"古典"文献里实际上使用的"概念工具"，即他把在他的成长时期里有采用价值的古典著作以后的文献也包括在内。这有两个理由：一是这和他作为经济思想的一位领袖的个人成就密切相连，二是指出了阻止他成功地把他的领导地位扩展到更广阔范围的一个限制。

毫无疑问，他试图扩大经济学的范围，以便把"经济社会学"这一领域包括进去。经济社会学是分析社会制度或分析"流行的社会习惯"的学科。"货币"（资本主义）经济制度不是作为来自其他学科的论据加以接受的，而是作为经济学家的研究材料的一部分。最根本的一点是，他没有把这种材料看成对传统理论的补充，而是用它取代了传统理论。经济过程理论本身仍然是一种理论，但它将成为一种根据仔细观察实际行为和动机的结果而建立起来的理论，因为他在原则上没有排除反省或由反省得到的心理解释。我们

1861年，大北方铁路的机车"威廉·克鲁克斯"上线。"威廉·克鲁克斯"配备了投标车和汽车，而它的供应车是一种特殊的车辆，用来运输燃料和水，以保持机车运行。

能够很容易地理解，为什么这一理论会使米切尔把经济生活看成一个变化的过程，为什么在他看来，对商业周期的分析是对整个经济过程进行现实分析的第一步。我们不应当质疑，而应该赞扬他总是强调事物的连续，这自始至终都是他独特思想的特点。并且我们还应该把1913年以前的米切尔看作现代动态经济学的先驱，并给予充分肯定。在称赞了他的前提之后，我仍将怀疑他根据这些前提而得出的结论之一，即他和别人都同意被叫作"新古典理论"的经济理论必须被抛弃。

我们在学习他有关经济思想史的著名课程"经济理论的类型"时，难免对这个事实感到惊奇：他反对那些作者的"假设"不逊于反对他们的"预想"。根据他的理解，逻辑的图式或模型不是经济学的全部，也不是拯救理论的全部；除此之外，他认为这些模型被建立起来的方式和对于它们来说是极其基本的假定或假设，也有许多有待商榷的地方。但米切尔没有为了用其他假定加以代替而反对全部假定或整个模型。他反对把它们作为假设，并且对那些关注它们的确定性和一致性问题的人不屑一顾。他认为"我的祖辈的神学，柏拉图和魁奈，康德、李嘉图和卡尔·马克思，凯恩斯、杰文斯甚至马歇尔，在很大程度上是同一类的"。现在这个时候还详细地研究他在这里所犯的错误，或者确切地指出一个正确方法上的直觉在何地驱使他犯了错误，是多余的。简单的事实是：创建一门科学需要各种类型的人，而这些类型的人几乎不需要彼此理解。并且，偏爱对一个人有益的著作，很容易导致评价时不能严肃地对待其他著作，以至于采取贬损的态度。但这一态度对米切尔的著作及其影响范围所造成的危害，不是多余的。他不喜欢将自己的理论模式表达清楚，这就使得除了最热心和富有同情心的翻译者以外的任何人，都难以看到它们的存在——他在1913年出版的那本书的基本观念可以形成甚至是享有"完整性"优点的动态模型——并且，他把均衡的静态理论处理为"梦幻境界"的那些章节，很容易使批评者不承认他的领导资格，这显然是因为他没有抓住它的意义或一般模型的性质和意义。而他从来不会听信这种理论：合理的模式的目的在于描述盛行于和追求金钱利益相联系的一切经济中某种行为方式的逻辑——这是他极其了解的一个概念——并且完全不意味着这一描述的主人公本身的感觉或行动是合理的。我将永远不会忘记，当我试图向他表明，出版于1913年的那本伟大的书，就它的论证框架来说，是动态均衡理论的一种运用时，他所表现出的无言的惊讶。我写这些话不是为了贬损我热爱并钦佩的人的名誉，只是想消除各方面的误解，从而使他拥有更多的追随者。

三

我们现在转向他研究的核心，给我们留下印象的第一件事情是其突出的连贯性。劳克林建议他把"美钞"事件作为他博士论文的题目，这可能只是一个巧合。但是这除了暗示这个固执的候选人接受建议外，似乎可以有把握的假定，无论他选择什么起点，都能到达目的地。在米切尔的手里，这一题目成了他对"美钞"事件经济过程的研究——关于这种过程反作用于战时财政的冲击方式，以及"美钞"发行本身的影响只是通向这些方式的途径。在劳陵的教导之下，他对数量理论的评价很低，并很快对其进行了修正。这是一件微不足道的小事，由这篇论文产生的两部著作，应注意的真正重要的方面是他对货币或"资本主义"——经济的看法。一方面，他把货币现象与其他现象联系在了一起，因而预见到了它们以后表现出的各种趋势；另一方面，他分析了各种关系，这使他很自然地研究商业周期，将此作为研究今天的货币经济一般理论的起点，这是他成年时期研究的真正主题。

1913年出版的《商业周期》一书，他从1904年就开始酝酿了，虽然他就这一题目而写一部著作的想法真正产生于1908年。它是美国经济学史上的一个标志，虽然它对学者的影响已经远远扩展到美国之外，而且是极其有价值的。这本书是他的杰作，在外行人眼里也是一部名作，而且为以后的所有著作树立了典范。1927年，他又出版了该书的缩略本。全盛时期的作品，以及精力未受损伤时期的作品，都是其代表作，他以此证明自己是这一领域的典范。这本书的基本内容再现于1927年的版本中。即使《商业周期计量》一书（1946年），也只是在更高的水平上更广泛地应用了其部分思想，这些思想在1913年公之于众。实际上，就连全国经济研究局的大部分作品也是由它们引申出来的。1913年的方法和研究成果经得住后人的大量研究和检验。但是米切尔本人，按照他的献身于真理的单纯思想，总是随时准备修正它们。

在确定了《商业周期》在米切尔个人发展过程中的地位之后，现在我要确定它在这门学科发展过程中的地位。在进行这项工作时，我很没有信心。

首先，正如前面所指出的，米切尔的创造性努力不单纯用于研究周期现象本身，还指向受"在商业波动的研究中所发展出来的观念"鼓舞的一种新的经济学——或者像他自己所说的，一种新的经济理论——这使他的作品和大多数商业周期研究者的作品难以比较。其次，像大多数创造性工作者一样，米切尔很难领会那些在态度上或方法上与他（或者在他看来与他）相差很远的人的作品。他博览群书，是一个宽宏大量的人，但是由于他专心致力于自己的研究，并且长时间狂热地工作着，所以对于不属于自己的理论结构就很难达到一定的水平之上。为了对他的思维能力做出公正评价，我们有必要借助主观和客观的优先权之间的区别。研究经济分析的历史时，我常常感到这种区别的重要性。再次，人的思维在任何特定时期都易于集中在一些相似的观点上，但由于方法问题，研究人员及其学生更容易看到相互间次要的差异，而非本质的相似点。从摆在面前的例子中我们可以知道，研究人员的印象是不同"解释"的数量在不断增加。他们对周期与"危机"问题等的概念越来越多地借助统计材料的研究方法；他们研究成果的相似性越来越明显，如对我们称之为加速原理的一般形式的强调。在这一运动中，没有一位著者起带头作用，也没有一位著者受到其他著者的很大影响。但米切尔著作的创作时间保证了它在这一运动史中的卓越地位。

诚然，在所有这些中，克雷蒙·朱格拉毫无疑问是先驱，可以说是他创立了现代商业周期分析。就米切尔来说，在理论和方法上朱格拉都是他的老师。他不仅写了一部"伟大的、事实论据充分的书"，推进了当代的理论发展，弄清了由"恐慌"过渡到"周期"的必然性，甚至还以真正的米切尔式的含蓄指出了重要的证明原理。他认为这一证明原理产生于观察，并登峰造极于一个著名的断言：萧条的唯一原因是繁荣。如果我的理解正确的话，这就是说，萧条是对繁荣时期发生的情况的反映。我认为尽管这一论述不完整，却是对该理论最早的系统阐述：经济过程的每一个阶段产生下一个阶段，繁荣阶段在这一系统中集聚起来的压力导致经济衰退，而衰退又产生了下一轮的繁荣。米切尔独立地采取了相仿的模式，毫不犹豫地称它为"理

论"（参阅《商业周期》第583页，或伯恩斯的摘要，第25页），并且这正是它的本质，如果我们采用这个词"有用"的意义的话：在用它来说明经济行为的不断消长之时，一个图式一定会引出正当的理由来。这引出了两种截然不同的周期理论之一。有这样的"理论"，即经济过程基本上是不波动的，因此必须在特定的环境（货币的或其他的环境）中去寻找经济波动被扰乱的原因。马歇尔在代表这一"假定"的一大群人中处于突出的地位。也有这样的"理论"，即经济过程本身基本上是波浪式的——

米切尔对美国南北战争时期的经济状况进行了研究。他认为南北战争之所以加快了美国经济的增长，是由于战争期间发生了通货膨胀。货币工资虽然略有上升，但实际工资大幅度下降，利润也就增加了。利润的增加促进了美国经济增长。

周期是资本主义的发展形式。米切尔赞同后者。在我看来，说他在此基础上做了进一步的发展也不为过：资本主义经济是一种利润经济，在这一经济里，经济活动取决于影响目前或将来的利润的因素——我认为这等同于凯恩斯的资本边际效率，所以他宣称利润是商业波动的"线索"。这似乎不仅与凯恩斯的《就业、利息和货币通论》一书中第22章所描述的"理论"基本上符合，而且与商业周期研究者的"理论"基本上符合——他们的队伍几乎和把周期看作内生于资本主义过程的那一派同样大。除此之外，米切尔也没有什么主张。特别是他没有进一步说，不知出于什么原因，利润显然总是与投资过程紧密联系在一起。但即使如此，我们眼前仍有一种明确的模式在支持米切尔的实证研究。如果这一模式在他研究的最后阶段显得证据不足，那是因为在研究工作的"实证"阶段，在还没来得及完全协调劳动成果之时，他便逝世了。

与1927年的那部著作完全相同，米切尔1913年的这部著作也是从对现存的各种解释的简短考察开始的。在这两本书里，他以简洁的并令人惊异的不偏不倚的态度将它们叙述了出来。米切尔认为它们都是"表面上讲得通的"，但又都是"纠缠不清的"。他对它们加以分类，但没有企图系统地批评它们。虽然他在这里或那里提出反对的意见，但读者会产生这样的印象：他认为它们是关于局部真理的许多说明，每一个都和其他的一样，有待事实的检验。这种不偏不倚的态度揭示了上面所提到的米切尔的方法学的特点之一：对他来说，解释性的假设和事实之间没有什么重要的区别，尤其是一个理论在经过事实检验之前，没有任何逻辑标准可以驳倒它。但是由于米切尔不相信"新古典"经济学，所以这种不偏不倚还是有优点的。正如一再说明的，这为他在统计材料的海洋中航行提供了指南。

与1927年的著作完全一样，1913年的著作让人们了解了米切尔对货币经济的观点。这两本书只是对一般经济理论做出的初步论述，它们结构严谨，未加渲染，密切地结合在一起，但未加修饰并缺乏有效的概念化。正因为这样，它们从来没有受到应有的公正评价。这里举一个例子就可以了：有多少人知道，书中所陈述的不是货币流通理论，而是预见到了现代收入计算和总量分析中很多精华的东西呢？当然，这里我们掌握了当时很多批评家所没有的，但在1913年这部著作的第三部分曾加以进一步发展的"理论背景"。毫无疑问，这一背景叙述需要扩充，同时需要一位专业理论家进行编辑。但无论如何它都是伟大的成就。

1913年这部著作的第二部分不需要任何的编辑整理。它是一种珍品，是拓荒者的成就。米切尔不仅知道如何使用统计资料，也知道如何发展它——如何取得他所需要的资料，即使它不是现成地摆在那里的。理解在全面观察后产生的一种需要，然后识别满足这种需要可以利用的手段，最后解决所发现的问题——这些事情在1908年和1913年之间，一定是以迅雷不及掩耳的速度接连发生的。有些人具有观察全局的能力，有些人热衷于细节，但是具有用观察全局的能力服务于细节研究、用细节的关注服务于观察全局的能力的人很少见，米切尔就是其中一个。

四

关于米切尔1927年的著作我们无须赘述。1908—1913年间的辛勤工作使他认识到：他试图完成的艰巨任务单凭个人是完全不可能完成的。在以后的若干年里，他积极进行价格和生产指数问题的调查研究工作，由此认识到，他天赋异禀（很少有人这样），足以承担领导一个团体的任务。对这一团体，虽然他知道如何进行领导，但他总是以一个普通研究人员的身份亲自参与工作——他全心全意投入工作，并发扬知识界互相协作的精神。1920年，他进入国家经济研究局工作。他是这一研究局的创始人之一，并且一直到逝世，他都是其中最活跃和平易近人的领导。他从不强制同事，从不打消同事的积极性，经常鼓舞人。这种"勇敢的实践"是他的智慧和品德的不朽功业。

该局以对国民收入的规模和分配的著名研究为起点，发表了一系列研究成果。这些成果从表面上看似乎远远超出了商业周期及与其密切相关的问题，但是米切尔的现象概念涵盖了整个经济过程，从而使经济过程的所有现象都与商业周期"理论"有关。方法和机会仅仅决定各个项目的时间和顺序，但所有这些个别的计划都应在他的全面计划中拥有一席之地。要对伯恩斯和米切尔的《商业周期计量》（1946年）进行任何评价，一定不能忽视这一点。

这部著作的著者们并不承认他们写了一部关于商业周期的论著，只承认提供了一个"商业周期测量方案"，或者确切地说，提出了"动态经济过程"的方案。这个"公开的宗旨"对于前八章而言比其余四章（它们研究结构问题，而不只是测量）更适合一些。但我更愿意以一种不同的方式来系统阐述本书的内容：此书的写作目的是使这一现象在我们面前显现出来，并且借此让我们了解这本书要解释什么。这一努力出于一些经过分析的结论的考虑，这些是我们对于1913年那部著作里所见到的那些说法的改进，但它们难以被称为定义。它们是这样的："商业周期是各个国家总的经济活动中的波动形式。这些国家的经济活动主要在企业中进行。商业周期包括与经济活动同时发生的扩张、衰退、收缩、复苏，复苏后又进入下一周期的扩张阶段，这种变化经常发生，但不一定呈现周期性。周期的长度从一年到十年或十二年不等，它们不能划分为较短的周期。"除了预见到几个随后发生的事实以外，这当中还包括许多"理论"。特别是最后一句勇敢地采用了单周期假定，这使得不同种类的波动难以区分，而这些波动的存在不是进行假定的问题，而是直接观察的问题。这一论点和其他论点，在某种程度上是出于个人判断和叙述方便的考虑，我们将不进一步深入讨论它们。

根据米切尔的观点，分析国家经济研究局能发现并处理的所有时间序列是正确的、恰当的。商业周期被看成资本主义发展的形式，是相互联系的现象的积累与其发展过程共同作用的必然结果。即使能想象出一种与周期无关的因素，仍然有必要调查它是如何受周期活动影响的。尽管如此，我们并不

20世纪时的交通展示。1910年的印刷品用美国地图说明了最先进的交通和通信方式。

需要理会所牵涉的理论方面的一切谴责，但若必须做出选择的话——就像在《商业周期测量》的最后四章里——那么，这是对可以运用手段的局限性的让步，而不是原则问题。但是米切尔清醒地认识到，即使是最完整的统计材料，也无法使自己达到预期的目标。因此，为了检查和进一步阐明其统计材料及从中得出的推论，他提出搜集被称为"商业编年史"的资料的想法，并且年代要尽可能久远，包含的国家要尽可能地多。W.L.索普编著的众所周知的书（1926年）就是它的结果。在一个统计时代里，这一承认非统计的历史资料的重要性的方法学上的优点，无论再怎么强调都不为过。虽然随着时间的推移，米切尔对于这一信息来源的信任似乎减少了——虽然从一开始它就被不恰当地利用了，它还是把他的著作从威胁着要淹没这一领域的统计主义里拯救了出来。

现在每个人都熟悉了被称作"国家经济研究局方法"的内容。然而，我们应当把构成这一周期行为的表述的基础观念复述一遍。一方面，每一个在季节性波动中得到修正的数列都由经济自动调节，在它自己的扩张和收缩过程中，一般规律是：每一个这样的周期通过识别出低谷和顶峰而被分为不同阶段，该数列的值以在每个周期中的平均值的比率来表示，然后就可以用这些比率的平均数画出这一数列的典型循环图。另一方面，为了表示出每一个数列在整个经济制度中扩张和收缩期间的行为，我们可以根据商业周期的共性和非数据信息推断低谷与顶峰的出现日期，然后研究每一个阶段或间隔中每一个数列的活动。这种"参考周期"被划分为九个阶段，参考周期的每一阶段"时间"以整个参考周期的平均值的比率来表示。典型的参考周期是通过对所有周期每一阶段的时间加以平均得出的。每一数列的具体周期与参考周期的比较可能最有启发性。统计材料的双重表述被设计得特别严谨，以便揭示出商业周期的真相。即便如此，我们还必须快刀斩乱麻。陈述事实的目的是使与其相关的理论给人留下全面、深刻的印象。

当然，这部著作只是一个开头。即使米切尔能够完成他的手稿，这仍然只是一个开端。这类研究工作没有止境，总是指向一个未知的世界。这对于米切尔生平的整个工作来说也是正确的。正因如此，他变得十分伟大，并由此奠定他在现代经济学中的独特地位。他是这样一个人：与其他人不一样，他有勇气说自己并不知道所有答案；他按部就班地进行工作，既不操之过急，也不停滞不前；他不喜欢摇旗呐喊；他对于人类的命运充满着同情，但是超然于尘寰扰攘；他用实际行动而不用言语来教导我们一位学者应当是什么样的。

第九章

约翰·梅纳德·凯恩斯

（1883—1946）

一

在论伟大的维莱斯流派的那篇论文[1]里，凯恩斯表现出了对遗传能力的重视。这似乎不完全符合许多人设想的关于他的智慧境界的情况。他关于社会学的明显推断，被下面的事实进一步证实了：在他的传记文章里，他往往非常小心地强调祖先的背景。因此，他一定能理解我由于没有时间不能调查凯恩斯亲属的过去而感到的遗憾。我希望其他人会去做这些。让我们用敬佩的眼光去了解一下他的父母吧！凯恩斯生于1883年6月5日，是神学博士约翰·布朗牧师的女儿弗罗伦斯·亚达·凯恩斯和剑桥大学注册主任约翰·内维尔·凯恩斯的长子——母亲工作能力很强，曾任剑桥市长，父亲是我们大家都知道的一位卓越的逻辑学家和作家，他曾写过被认为是最好的经济学方法论的论著[2]。

请注意这篇纪念文章的主人公的科学研究背景。当我们加上伊顿公学和剑桥大学皇家学院这两个名字时，这一背景的含义由于其卓越的英国品格和高贵成分变得更清楚了。教师习惯夸大教育的影响，没有人会把它贬得一文不值。而且没有任何迹象可以表明，约翰·梅纳德·凯恩斯对这两个地方的反应是不正面的。他似乎享有一个完全成功的学者的生活[3]。1905年，他当选

1 这篇文章是凯恩斯在1926年3月27日发表在《国家与文学》上的对《遗传能力的研究》的一篇评论。该文在1933年重印于《精英的聚会》卷中。该卷比有关凯恩斯的其他任何出版物更突出了他作为普通人和学者的形象，因而我不止一次地参考了这篇文章。

2 《政治经济学的范围和方法》（1891年）：事实证明，这本令人钦佩的书获得了极大的成功。它的第四版（1917年）一直沿用到1930年。该书能在有关它的种种问题的半个世纪的争论中保持中心地位，直到现今，学习方法论的学生还将其作为指导书。

3 伊顿公学对他产生了极大的影响。在他所得到的荣誉中，没有比被教师们选为伊顿公学校董会代表更令他高兴的了。

为剑桥大学同学会的会长，并成为第十二个数学学位考试的一等及格者。

理论家会注意到，如果没有一定的教学才能和辛勤的工作，凯恩斯是不可能获得日后的盛名的。勤奋工作使人易于获得更为先进的技艺。理论家还会意识到，数学的思维能力隐藏在凯恩斯著作中纯科学的部分里，或许还隐藏在几乎被人遗忘的培养这种能力的轨迹之中。有些理论家可能怀疑：当他最初进入这一领域时，数理经济学正在聚集力量，那么是什么原因使他超然于这一潮流之外呢？这还不是一切。尽管他从来不明确敌视数理经济学，甚至接受了计量经济学会的会长职位，但他从来不以他的权威公开支持它。从他那儿得到的暗示几乎全都是否定的，他有时甚至还会流露出类似于厌恶的情绪。

这些问题的答案不必追溯到很远的地方。更高层次的数理经济学具有所有领域中被称为"纯科学"的性质——无论如何，现在还没有。凯恩斯的卓越才能完全用在了政策问题上。他受到过很好的教育，并且充满智慧，因此绝不会忽视逻辑上的任何细节。某种程度上说，他喜欢这些细节，但换种角度说，他是在容忍它们；在达到自己设定的限度之后，他对它们就失去耐性了。为艺术而艺术，不属于他的科学信仰的任何部分。在任何领域，他都能循序渐进，在分析方法上他却不是这样做的。我们将看到，在不需要运用高等数学知识的其他领域，凯恩斯也具有这样的特点。他甚至不反对使用托马斯·芒爵士的那些粗疏的论证，如果这种使用是正当的话。

二

作为一个从伊顿公学和剑桥大学步入成年生活的英国人，凯恩斯对本国的政策有着强烈的兴趣。1905年，他被选为剑桥大学学生会主席。这具有象征意义，标志着一个时代的结束，另一个时代的来临。为什么这样一个英国人没有从政呢？为什么他最终选择去了印度事务办公室？他的许多支持者和反对者得出这样一个结论：金钱是次要原因，有一点是非常关键的，即任何一个能够和凯恩斯谈话一小时的人，都会发现他不适合搞政治。若都作为游戏来看待，政治并不比赛跑更能引起他的兴趣，或者就这一问题来说，并不比纯粹理论本身更能引起他的兴趣。他具有非凡的辩论才能，并且对策略价值具有锐利的眼光，可是他似乎感受不到政治的诱惑——这种诱惑在任何地方都不像在英国那么强烈。党派对他来说毫无意义。他随时准备与支持他的观点的任何人合作，并忘掉过去的争论。但他不准备在任何其他条件下与任何人合作，更不用说接受任何人的领导了。他效忠于措施，但不效忠于个人或党派。他对不同的信念、思想、旗帜一视同仁，正如他对任何人都一视同仁一样。

难道他不能胜任一个理想的公务员职位，成为一位对当今英国历史产生重要影响的、名垂青史的大臣吗？他绝对是有能力的，但偏偏没有这么做。他对政治没有兴趣，对需要耐心的日常工作更没有兴趣，也无意将自己训练成一个像难以驾驭的野兽一样的政客。这两种消极倾向——对政治舞台的厌恶和对文牍的反感，促使他去扮演真正由天性赋予他的角色，他能很快胜任这种角色并达到完美的境界。这是一个使他奋斗终生并且从未放弃的角色。不管我们认为他的心理规律是什么，我们都能感觉到：从早年起他就完全了解自己。实际上这是他取得成功的秘诀之一，也是他获得幸福的秘诀之一——要是我没记错的话，他的生活自始至终都是非常幸福的。

在印度事务办公室待了两年以后，凯恩斯回到了剑桥大学，在皇家学院获得了一个研究员的职位（1909年），并很快在剑桥经济学家圈内树立了威望。他以《经济学原理》第五卷为中心讲授纯粹的马歇尔学说。可以说，极少有人像他那样精通这一学说。在以后的二十年里，他仍然拥护这一学说。那时的他体格瘦小、面带苦行僧式的凝重、眼睛炯炯有神、专心致志、异常严肃，让人感觉似乎有些由于勉强忍耐而焦躁不安，还有那没有人能够忽视、每个人都尊重的雄辩者的风度[1]。他早在1911年就被委派为《经济学杂

1　1927年，我和凯恩斯开始交往，他给我的是一种完全不同的印象。

志》的编辑来接替埃奇沃思这一事实能够证实他享有越来越高的声誉。直至1946年的春天，他一直非常热情地担任这一经济学界的重要职位[1]。考虑他担任这一职位的时间之长，以及在他任职期间所投入的精力，他的编辑成就的确是惊人的，几乎是令人难以置信的。其中一个原因是他制订了《经济学杂志》和由他担任秘书的皇家经济协会的方针，但他所做的远不止这些。许多论文是根据他的建议写出的，从文章的观点到事实再到标点符号，均受到密切注意。我们都知道这种结果，并且我们每个人关于它们都有自己的意见，这是毫无疑问的。但是当我说这句话时，我可以充满信心地告诉大家，凯恩斯作为一位编辑，是杜邦·德·奈穆尔主编《公民评论》以来无人能与之相媲美的，我确信这会得到所有人的赞同。

　　凯恩斯在印度事务办公室不过是学徒而已，一个思想比较贫乏的人几乎不会在此留下什么痕迹。而凯恩斯不仅充分显示出了他的充沛活力，还展示了其自身的才能。正因如此，他才取得了丰硕的成果：他的第一本书——也是他的初次成功——是《印度通货与财政》。这本书于1913年出版，这时他被委派为关于印度财政和通货的皇家委员会的委员（1913—1914年）。我认为理应把这本书称为关于金本位制[2]的最好的英文著作。然而我们的兴趣更多地集中在另外一个问题上，这个问题与概述本身所取得的成就联系不大：我们能从中发现与《就业、利息和货币通论》相近的观点吗？从序言到结尾，凯恩斯只是宣称，1936年的学说在他看来似乎是"已经遵循了许多年的思想路线的自然发展"。关于这一点我将在以后进行一些说明。现在，我更愿意大胆地说，虽然1913年的这本书没有包括被认为是极其"革命的"1936年那本书的任何典型的主张，但凯恩斯对于货币现象和货币政策所采取的一般态度，清楚地暗示了1930年出版的《货币论》的观点。

　　显然，在那时，货币管理并不是什么新鲜事物——这恰好是此书在20

　　1　埃奇沃思在1918—1925年间又回来出任副主编，后来由麦格里格接任，其后又由罗宾逊接任（他在1933年曾被任命为助理编辑）。

　　2　金本位制就是以黄金为本位币的货币制度。——译者注世纪二三十年代没被当作新鲜事物的原因——而凯恩斯在印度问题上的见解导致人们认识到了该书的特殊性、必要性和可能性。凯恩斯不仅明显地估计到了它对物价、出口和进口的影响，而且清楚地估计到了它对生产和就业的影响——这是非常新鲜的东西，虽然不能单独决定，但能制约他自己的前进路线。而且我们必须记住，第一次世界大战后，凯恩斯的理论发展和当时的特定环境密切相关。战后，他提出了实用的建议，这在1913年不管是他自己还是别人都始料未及。把20世纪20年代英国经验的理论含义加到《印度通货和财政》的理论中去，人们就会看到1930年的凯恩斯观念的基本内容。可以说，我的这一说法是保守的，我本可以更深入一些——如果不是为了避免出现对传记作家来说几乎常见的错误的话。

资本家压榨工人。工人由生产的主体沦为机器的附属品；资本家为谋取利润最大化，总是千方百计增加工时，提高劳动强度，降低工资，甚至雇佣妇女儿童而且给予较低的工资。

三

　　1915年，这位穿着学术服装的潜在公务员变成了一位名副其实的公务员：他进入财政部工作了。第一次世界大战期间的英国财政以"稳健"著称，并且将道德上的成就作为首要的议程。可能这位才华横溢的青年官员就是在那时产生了后来变得十分明显的对财政部思想和观点不满意的感觉。但是他的工作是受到重视的，因为他被选为参加巴黎和会的财政部首席代表——如果发生在劳埃德·乔治时代的政治圈内，这可能是一个举足轻重的职位，并在最高经济委员会担任财政部部长的代表。比这更重要的——从传记者的观点来看——是他在1919年6月突然辞职，这可以表明他个人的突出个性。其他对《凡尔赛和约》有同样顾虑的人绝不会大胆地说出来，凯恩斯却与众不同——他辞职了，并告诉全世界辞职的原因，从而一跃成为国际知名人物。

　　《和约的经济后果》（1919年）所取得的成就使"成功"这个词变得平凡而乏味。那些不理解幸运和功绩是怎样交织在一起的人，毫无疑问会说凯恩斯只是道出了每个明智的人想说的心里话。他恰到好处地使他的抗议在全世界产生了共鸣，仅仅是因为他的抗议而不是论点使他赢得了成千上万人的尊敬。以上说法都有一定的道理，当然，凯恩斯遇到了一个绝好的机会，但是如果凭借这一点我们就否认这一功绩的伟大，那么我们最好把"伟大"一词从历史上完全删去，因为没有任何一项丰功伟绩不是事先存在伟大的机遇的。

　　总的来说，他的主要功绩在于某种道德上的勇气。但这本书是一部杰作——既充满了实践的智慧又绝不肤浅；既具有严格的逻辑性又不冷酷；有着纯正的人道精神，但没有意气用事；面对所有的事实，没有徒劳的遗憾，也没有绝望：它是建筑在全面分析之上的强有力的建议。同时，这本书也是艺术的杰作，其形式和内容达到了完美的结合，使得每个事物都恰到好处。没有任何无用的修饰来破坏它的严谨的结构。同时，优美的表达方法使它非常简洁——他再没有写得这样好。凯恩斯以剧中人的身份努力去解释导致

《凡尔赛和约》悲剧性破产的原因，他的文章所达到的高度常人难以企及。

这本书的经济学意义，正如《凡尔赛和约的修订本》（1922年）所补充的那样（在某些方面补充了一些观点），是最简单的，不需要任何高深的技巧。虽然如此，其中仍然有一些值得我们注意的东西。在凯恩斯进行伟大说服活动之前，他对所考察的政治事件的社会和经济背景做了一个概括。这篇文章可以用朴素的语言概括为：自由放任的资本主义这一"非凡的插曲"，在1914年8月就走到了尽头。技术改进及一系列的新食物与原料来源的获得所不断创造出来的丰富的投资机会，以及人口的迅速增长所造成的企业领导能够取得一个接着一个成功的条件，已经迅速地成为历史。在这种情况下，能够毫不费力地吸收资产阶级的储蓄——这种储蓄就好像是"为了不吃蛋糕而不停地烹制蛋糕"，并没有什么困难。但现在（1920年），这些刺激快要没有了，私人企业精神正在衰退，投资机会正在消逝，资产阶级的储蓄习惯也因此丧失了社会功能，他们这种因循守旧的做法使境况变得比原来更糟。

我们在这里看见了现代停滞论的起源——这有别于李嘉图的滞胀。我们在这里也看见了《就业、利息和货币通论》的雏形。有关社会经济实体的每个综合性"理论"都包括两个互补但完全不同的组成部分。第一个是理论家关于这一社会情况的基本特征的观点，即在给定时间内，为理解社会生活，哪些事物是重要的，哪些是不重要的。让我们把这称为理论家的看法。第二个是理论家的技巧，即通过一种工具将看法概念化，然后把后者变为具体的主张或"理论"。在《和约的经济后果》的这些章节里，我们找不到《就业、利息和货币通论》的理论工具的任何迹象，但我们看到了关于社会和经济事物的整体看法，对它来说，这种工具是技术的补充。《就业、利息和货币通论》是长期奋斗的结果，它使得我们这个时代的整个经济更易于分析。

四

对于"科学型"的经济学家来说，凯恩斯当然是《就业、利息和货币通论》中所展现的凯恩斯。为了对由《和约的经济后果》引向《就业、利息和货币通论》的直线发展，以及由《货币管理短论》和《货币论》所标志的它的主要阶段过程做出一个公正的评价，我不得不大刀阔斧地删去许多应当记载的东西。但是《和约的经济后果》的三个立足点在下面的注解中提到了[1]，另外，我们必须提及他在1921年发表的《概率论》。我认为概率原理对凯恩斯的作用不是很突出，尽管他对其有浓厚的兴趣，并且他的硕士论文就是关于这个主题。我们感兴趣的是概率理论对于凯恩斯的意义是什么。主观地说，这似乎是他的思维能量的出口，因为他不可能对他投入大部分时间和精力的公务和兴趣爱好感到百分之百的满意。他对于经济学的纯粹知识并不看重。他学习高深的概率理论时，不会求助于纯粹理论。在一定程度上，他是哲学家或认知论者。他对哲学家维特根斯坦很有兴趣，并是这个卓越的思想家的挚友。他为英年早逝的弗兰克·拉姆齐立了一座富有魅力的纪念碑。但是仅仅接受维特根斯坦和拉姆齐的观点不会让他满足。他必须有一套自己的观点。他的思想架构深刻地揭示了选择概率论的目的——概率论包含逻辑上的细节，但并不缺乏独到的内涵。他那坚韧不拔的意志毫无疑问将会创造出（正是我极力要去弄明白的）辉煌的成就。不管专家，特别是非剑桥的专家会说些什么，他的不屈不挠的精神会创造出可以称为卓越的成就。

1　这些立足点是：他与威廉·贝弗利奇爵士合著的关于人口及相关争论的文章（《经济学杂志》，1923年）；他的小册子《自由放任主义的终结》（1926年）；他的《德国赔款问题》（《经济学杂志》，1929年3月号），该文最终驳倒了俄林和路耶夫的批评。他运用马尔萨斯的灵魂去捍卫"在大量食物和原材料不能销售的时代的门槛上"这个主题，因为大约从1906年起，自然对人类的努力开始不那么慷慨了，人口过剩成为严重的问题，或者说是我们这个时代最重要的问题之一——这可能是他的所有尝试中最不恰当的，显示出他有些粗心，即使是最爱戴他的人也不能完全否定这一点。最应指出的是，在《自由放任主义的终结》中我们找不到标题所暗示的相关内容。它根本不是韦伯在书中所写的与凯恩斯文中所对应的那些内容。关于德国赔偿问题的文章揭示了他性格的另一面。他确实具有最丰富的动机和极高的政治智慧，但它不是一个好的理论，俄林和路耶夫发现对付它很容易。很难理解凯恩斯怎么会对其论点中的弱点视而不见。在实现目标的过程中，在情况紧急时他有时会不拘小节。熟读文集《预言与劝说》（1931年）可能是研究他著作中非专业部分推理的特征的最好方法。

让我们将目光从著作移向本人，利用这个机会更仔细地观察他。他回到皇家学院后，恢复了战前的生活方式，同时有所改进和扩展。他继续做一名活跃的教师和研究员，继续主编《经济学杂志》，继续使自己成为公众关注的对象。尽管他通过接受学院财务主管这个重要且费力的职位，与皇家学院加强了联系，但位于高登广场46号的伦敦住所成了他的第二个总部。他对《国家》周刊产生了兴趣，并成为其负责人——这一杂志在1921年接替了《发言人》，吞并了《科学》杂志，并于1931年与《新政治家》合并（更名为《新政治家与国家》）——他为该杂志提供了源源不断的稿件，这对别人来说需要投入全部时间来工作。他成为全国互助人寿保险协会的主席，还花费大量的时间建立了一个投资公司，并从这种商业活动中获取了可观的收益。没人对他评头论足，特别是对他的商业活动和获利行为。他坦诚地赞美一所漂亮住宅的舒适，并常常同样坦诚地说（在20世纪最初的几年），他绝不会接受任何教授的任命，因为这样他无法维持生活。除了这一切之外，他积极地服务于经济顾问委员会及财政与工业委员会（麦克米伦委员会）。1925年，他和一位杰出的艺术家莉迪亚·罗波科娃结婚，她是他情意相投的伴侣和忠实的配偶——无论是在健康的时候还是在生病的时候。

凯恩斯从事众多社会活动是司空见惯的事，但真正不寻常，值得注意的奇迹是：他对于其中每个活动所投入的精力之多，就好像那个活动是他从事的唯一的活动一样。他高效工作的能力令人难以置信。他专心致志于手头工作的能力是非常惊人的。无论他做什么，都能全神贯注，置其他一切于九霄云外。他明白这样做十分辛苦，但他似乎无法接受没有快乐的时光和摇摆不定的目标。

对于企图鞠躬尽瘁的那些人，上苍常常施以两种不同的惩罚。凯恩斯无疑受到了其中一种惩罚。他的文章质量随着数量的增加而下降，不仅他的许多二流作品表现出了仓促的迹象，他的一些最主要的作品也出现了这一迹象。没有认识到这一点的人，即没有认识到他们所看见的作品还没有成熟，将永远无法对凯恩斯的能力做出公正判断。但另一种惩罚凯恩斯被赦免了。

通常来说，殚精竭虑的工作狂会有点不近人情。这种人几乎都待人冷漠、心事重重、难以共事。工作就是他们的全部生活，他没有其他的兴趣，或者只有一些不甚重要的兴趣。但凯恩斯正好相反——他总是那样快乐、友善。从某种意义上说，他与没有任何志向、不使自己所追求的目标影响生活的那类人一样。他感情很丰富，慷慨大方；他善于社交，喜欢交谈，并且在这方面很出色。与广泛流传的言论相反，他很有礼貌，甚至追求那种古老的拘泥于形式和细节的礼貌。例如，他的朋友因英吉利海峡的大雾而迟到，尽管已通过电报和电话告知了他，但凯恩斯在他的朋友到来之前，仍不肯坐下吃午饭。

他的业余兴趣很多，对于其中的每一种他总是全心投入。但这不是全部。那些专注于自己的爱好，消极被动地享受娱乐活动的人也是常有的。凯恩斯的娱乐方式具有创造性。例如，他喜爱古书，喜欢文献中论战部分的细微之处，醉心于有关前人的性格、生活和思想的各种细节。许多人也有这种嗜好，这可能是他们教育中的古典因素培育的结果。每当他沉醉于这种爱好时，他总是拿它当作工作而毫不放松。有关文献史的几项极其重要的分类，还得归功于他的爱好[1]。他是一位绘画爱好者；在某种程度上，他是一位很好的鉴定家；他还是一位收藏家；他钟爱优秀的戏剧，建立并慷慨资助剑桥艺术剧院，所有去过那儿的人都不会忘记他。曾经有一次，他的一位熟人收到他的便条，上面的语句幽默并且可以看出是匆忙写的："亲爱的……如果你想知道此刻是什么事情完全占据了我的时间的话，看一看信封里所装的东西。"信封中装的是"卡玛科芭蕾舞"的节目单。

---

[1]　最能吸引他的是哲学文献和经济学文献。在这种追求中，皮埃罗·斯拉法教授成为他志同道合的盟友。我能提供的最好的例子是，休谟所著《人性论》的精简版本在1938年重印时，凯恩斯和斯拉法共同撰写了序言。这篇序言是不朽之作。

五

我该言归正传了。如前文所述，我们把《货币改革论》（1923年）作为了解该理论的第一站。因为就凯恩斯来说，实际建议是分析的目标和灯塔，我将让读者首先了解他所倡导的东西。这对其他经济学家来说，可能会被视为一种冒犯行为。《货币改革论》告诉我们，稳定国内物价水平的目的是稳定国内的商业形势，要注意调节外汇短期波动的各种手段。为了达到这个目标，他建议把出于战争需要而创造出来的货币制度运用于和平时期。这是当时所提出的各种建议中最大胆的一个——凯恩斯表现出很不像他应当有的明显的动摇——那就是把钞票发行与他极为强调其重要性的黄金相分离。

在这一提议中，有两件事情值得仔细留意：第一，它具有明显的英国特征；第二，考虑英国的短期利率和这位提议者是怎样的一位英国人，这一提议表现出了智慧和保守主义[1]。必须强调指出，凯恩斯的建议总是离不开英国，即使他向其他国家提出的建议也和英国有关。除了他的某些艺术爱好外，他有些自我封闭，甚至在哲学上也是如此，但没有比在经济学上更封闭的了。他是狂热的爱国主义者——他的爱国主义并不鄙俗，爱国热情完全来自潜意识，因此更加强烈地加深了他思想上的偏见，即他不能充分理解外国（包括美国在内）的观点、情况、利益，尤其是信条。如同之前的自由贸易主义者一样，他总是把在某些时候对英国来说是真理和明智的东西提升为对一切时间和地点都适用的真理与智慧。但我们不能停留在这一点上，为了找出他据以提出建议的立场，还需要进一步记住他是英国的高级知识分子，不属于任何阶级或政党，是一个典型的战前知识分子。他宣称：无论是好是坏，他在思想上将永远属于"洛克-穆勒家族"。

那么，这一位爱国的英国知识分子注意的到底是什么呢？他注意的是整体。这一点我们在《和约的经济后果》里已经察觉到了。但英国的情况比文中提到的情况更特殊。

1　没有人会对他于1942年当选为英格兰银行董事长而感到惊奇。

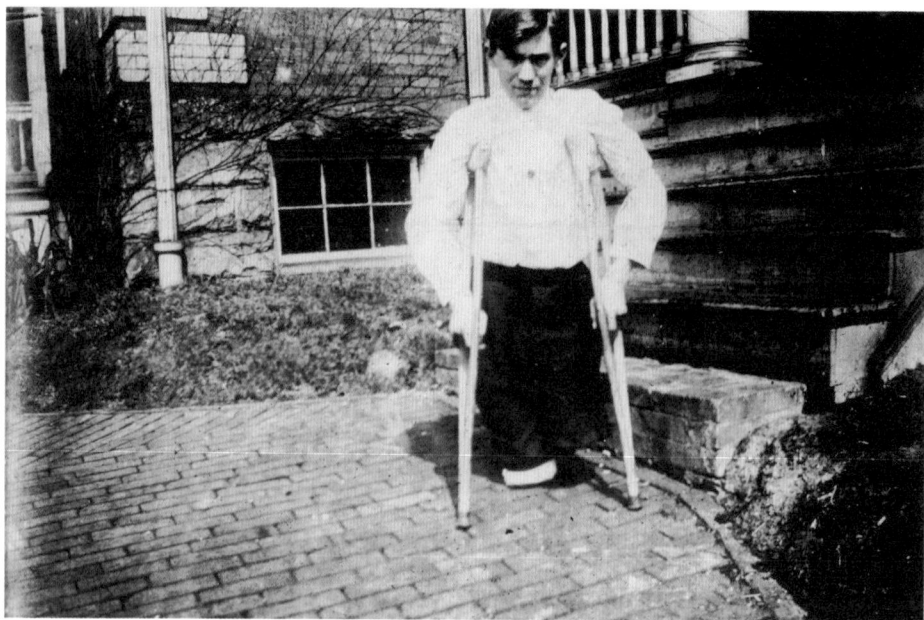

受伤的工人。资本家只关心自己的利润，把工人当作挣钱的工具，拒绝给予工人必要的劳动安全保障。工人的劳动环境相当恶劣，工伤事故频繁发生，严重危害其身体健康和人身安全。

　　英国没有再像拿破仑时代那样从战争中崛起，而是变弱了。那时英国暂时或永远失去了许多机会。不仅如此，它的社会结构也变得僵化了，它的税率和不断增长的工资水平是极不相容的。然而对于这种境况，英国无力改变，但凯恩斯没有陷入悲观失望。他并不习惯为那些无法改变的东西而悲伤。他也不是那种把全部精力倾注于个别问题上的人，如煤炭、纺织、钢铁、造船等问题（尽管在最近的文章中，他就这些问题发表了一些看法）。他尤其不是宣传革新信条的人。他是英国式的知识分子，而且注意到了最不理想的形式。他没有儿女，他的人生哲学基本上是短期哲学。因此，他坚决地转向似乎留给他自身的唯一的“活动空间”——货币管理。货币管理不一定可以恢复经济，但一定能使问题得到缓解，因为恢复到战前平价的金本位制是英国所不能承受的。

如果人们能够认识到这一点，就能认识到强调实际的凯恩斯主义是一颗不能被移植到国外土壤中的种子，在国外它会夭折，并且在临死时还会变成有毒的东西产生不良影响。他们也会认识到，这颗种子在英国土壤里能产生好东西，将来能够结果和提供阴凉。有一点我可以永远肯定：所有这些都运用了凯恩斯所提出的每一点建议。就其他方面来说，《货币改革论》中的货币管理主张没有任何革命性的东西，只是对货币管理有了新的强调，可把它看成一种对一般经济问题的治疗手段。并且他在序言的开头和第一章都提到了储蓄—投资机制。因此，尽管作者面临的直接任务阻碍了他对这些事情的更深入的研究，但此书显然向《就业、利息和货币通论》方向迈出了一大步。

在分析上，凯恩斯接受了货币数量论，认为它是"基础性的，与实际相联系并不是针对具体问题的"（第51页）。对我们尤其重要的是，要认识到：这一建立在数量理论和交易方程式之间极其普通的混乱之上的接受，所表示的意义比它应该表示的意义要小得多，正如凯恩斯后来承认货币数量论比其表面上的意义要小得多一样。他打算接受的东西是在剑桥形式上的交易方程式，不管它被界定为恒等式还是均衡的条件，都不意味着在严格意义上的数量理论的任何特有主张。因此，他认为可以自由地使流通速度或剑桥方程式中对应的"k"成为货币问题的变量，并把"研究这一问题的传统方法的发展"恰当地归功于马歇尔（第86页）。这就是流动性偏好的雏形。凯恩斯忽略了这一理论至少可以溯源到坎提农，而且忽视了它是由凯默勒发展而来的（虽然是概略性的）[2]。凯默勒说："大量货币继续被囤积起来"并且"囤

1　参见《货币改革论》第10页中很典型的段落，还有第8页中对"投资制度"的描述，这预示了《就业、利息和货币通论》分析的某些不完整性。甚至那时，凯恩斯仍然不愿意承认一个非常简单明了的事实，不情愿用一个再简洁不过的语句去表述它，那就是：工业是由银行来提供资金的。

2　见凯默勒的《货币与信用工具》第20页。但在《货币改革论》第193页，凯恩斯做了一个站不住脚的陈述："国内物价水平由银行创造的信用规模来决定。"他永远也没有改变这个观点。直到最后，在一定的经济过程中，这个信用规模对他来说仍是一个自变量，尽管是人为决定的，但不像过去那样由黄金产量决定，而是由银行或是"货币当局"（中央银行或政府）决定。然而，考虑货币数量是"给定"的，从严格意义上说，这正是货币数量论的一个典型特征，因此，我在本文中的观点是，他永远也没有像他所期望的那样完全放弃货币数量论。

积起来的流通手段的比例不是不变的"。我们不能研究《货币改革论》中许多精彩的东西，如关于期货交易市场那一节（第3章第4节）和关于英国的那一节（第5章第1节），这两部分堪称经典。我们必须赶赴通向《就业、利息和货币通论》道路上的"第二站"——《货币论》（1930年）。

除了《概率论》这一例外，凯恩斯再也没有写过一本比《货币论》劝说意味更明显的书。虽然如此，就是在这本书里，而且不限于最后一卷（第7卷），我们能够看到布雷顿森林体系的所有本质——这是多么非凡的成就！这两本书毫无疑问是凯恩斯耗费心血最多的研究成果，该研究如此杰出而缜密，在完全成熟前就过早地"采摘"无疑是千古遗憾！若是他能够从马歇尔的"可望而不可即的完美"中学到一点东西，而不是在这一点上倒转过来给马歇尔上课就好了！（《传记论文集》，第211~212页）[1] 而且麦德教授对于那种"盎格鲁—撒克逊的不必需的创造性"的友善嗤笑，被证明是完全正确的[2]。虽然如此，这本书在当时和在它的领域里是突出的成就。而我所要做的就是去收集指向《就业、利息和货币通论》的最重要的路标[3]。

第一，正如经济过程理论一样，货币理论的概念作为整体已经在《就业、利息和货币通论》中完全形成了。第二，这一概念被嵌进对当时的经济过程的看法或判断之中，从《和约的经济后果》起，它从来没有变更过。第三，储蓄和投资像在《就业、利息和货币通论》里所说的那样，已经完全分

1　在《货币论》的序言中，那带有半道歉意味的段落显示，他已经意识到他写了一部没有完全成熟的作品。

2　见岗纳·麦德《货币平衡》（英文版由布莱斯和施托帕在1939年译自德文版，瑞典文原版于1931年刊于《经济浪潮》杂志）的第8页。麦德当然不是为了自己而反对凯恩斯的，而是代表了威克塞尔及其学派的利益。但是类似的反对本来也会付诸实践，代表庞巴维克及其追随者的利益，特别是代表麦西斯和哈耶克。哈耶克的作品已经出版，是在1929年问世的。而庞巴维克的著作用英文写成，陶西格的《工资与资本》问世于1896年。尽管如此，凯恩斯的第6部著作却全然没有意识到它们的存在。但他在该书中并没有闪烁其词，他是真的不了解。

3　这当然对整个作品来说有失公正，特别是对前两卷：很传统但无论如何都很辉煌的开场白（《货币的本质》，第一本书）和关于价格水平的几乎是独辟蹊径的论文（《货币的价值》，第二本书）——其中有充满启发性的主张。必须记住的是，这恰恰是《货币论》与《就业、利息和货币通论》最本质的区别，《货币的价值》宣扬的是对价格水平变动的分析："价格水平的波动方式事实上发生了变化。"尽管事实上并不止于此。

离，节约已经被确立为反面角色。表彰"J.A.霍布森和其他人"的作品（第1卷，第179页）在这方面是具有重要意义的。我们还可以看出节俭运动不是使利息率降低的方法（第2卷，第207页）。概括的差异会使文章支离破碎，有时仅仅是在术语上有所不同，但这并不会掩盖作者所想表达的思想本质。第四，大部分理解是围绕维克塞尔的"自然"利率和"货币"利率之间的脱离来表达的。必须明确，后者不是指利率，同时前者或利润也还没有转变为"资本的边际效率"。但这一理论清楚地提示了这两个步骤。第五，对于预期的看重，对"熊市"并非由投机动机引起的流动性偏好的强调，以及那种认为在萧条时期，如果通过减少产业循环资金的需求量来作用于利率（银行利率），货币工资水平的回落会重新确立平衡的理论——所有这些及许多其他东西读起来并不完美，也使第一次陈述《就业、利息和货币通论》时便感到左右为难。

六

《货币论》并非完全失败，它在一定程度上取得了成功。每个人都看到了它的论点，并且不管有什么样的保留条件，都会对凯恩斯的巨大努力肃然起敬。即使诋毁性的批评，就像汉森对于基本方程式的批评[1]，或者哈耶克教授对于基本理论结构的批评[2]，都照例掺杂着应有的赞扬。但在凯恩斯看来，它是失败的，因为没有达到他的成功的标准。由于某种原因，它不能引起人们的兴趣——实际上没有取得真正的成功。此种原因是不难找的：他没能表达出理论的基本内容，使得文章为大量的材料所累。这些材料包括物价指

1　参见阿尔文·汉森的《凯恩斯〈货币论〉的一个基本错误》，参见《美国经济评论》，1930年；汉森和陶特的《商业周期理论中的投资与储蓄》，参见《计量经济学》，1933年。

2　参见哈耶克的《对凯恩斯纯货币理论的思考》，《经济学》1931年和1932年各期。哈耶克甚至谈到了"巨大的进步"。虽然如此，凯恩斯答复时仍不免愤怒，像他自己在另一个场合所说的那样，取悦作家们是很困难的。

数、银行利息率的运用方式、存款创造、黄金等，不论它们有什么优点，都是和现行的理论一脉相承的，因此对于他的目的来说是不具有特色的。凯恩斯已使自己陷入分析工具的密网之中，每当他试图把自己的思想像机器一样制造出来，这些工具就会出现问题。企图在具体方面改进这一作品是没有意义的。企图和批评进行论战也是没有意义的，他必须承认许多批评是公正的。除了破釜沉舟，放弃对原理论的忠诚，割断和它的联系，并重新开始之外，别无他法。他很快意识到了这一点。

凯恩斯果断割舍了与已被弃置的理论的关系，勇敢地开始他一生中最伟大的努力。他凭自己的聪明才智抓住了理论的要点，并把他的思想尽可能地用于创造能够表达这些要点而非其他任何东西的概念工具这一任务上。他很满足于他的成就。当他于1935年12月完成这一任务后，就又披挂上阵，拔出利剑，重新进入战场，宣称他将领导经济学家们摆脱持续了150年的错误思想，进入真理的殿堂。

周围的人都被他的理论迷住了。当凯恩斯修改作品时，在他的讲课中、谈话中、在皇家学院他的房间里经常聚会的"凯恩斯俱乐部"中，他常常提到自己的著作。他说："我得益于R.F.康恩先生经常的建议和建设性的批评，如果没有他的建议，这本书有很大一部分不会呈现为现有的形式。"（《就业、利息和货币通论》，序言，第8页）考虑康恩早在1931年6月发表在《经济学杂志》上的《国内投资对失业的关系》这篇论文的所有暗示，我们肯定不会怀疑这两句话言过其实。在同一地方，他也提到罗宾逊夫人、霍特里先生和哈罗德先生[1]，其他人——一些最有希望的年轻剑桥人也在其中。

---

[1] 霍特里对于《就业、利息和货币通论》而言，只能是一位有同情心的批评家，简而言之，是一位有同情心的人。当然，他从来都不是凯恩斯主义者。从《货币改革论》到《货币论》，凯恩斯是一名霍特里主义者。哈罗德或许一直在独立地向凯恩斯的目标迈进，尽管他在霍特里主义的地位提高后加入了其行列，但不是出于私心。对于这种议论，说句公道话，崇尚凯恩斯主义和不完全竞争的杰出经济学家们，正面临着丧失其在经济学界应有地位的危险。这里完全有必要谈一下罗宾逊夫人的学术思想，她被上面所提到的研究小组拒之门外（至少在我说这句话时她还未受到邀请）。学术界对女性的态度引发了广泛的关注，但她也涉足其中。这样说的根据在于：她的《储蓄与投资的寓言》一文掩护了《就业、利息和货币通论》的撤退。她通过其在1933年10月初发表于《经济研究评论》上的《货币理论与产出分析》，为《就业、利息和货币通论》的发展发挥了更为重要的作用。

过度活跃的证券交易市场。1929年夏天，美国还是一片歌舞升平的景象，人们讨论最多的就是股票。然而在1929年10月29日，美国金融界崩溃了，股票价格一夜之间狂跌，下跌之快，连股票行情自动显示器都跟不上。股票市场的大崩溃导致了持续四年的经济大萧条。

他们都发表过自己的意见。所有的人都在谈论《就业、利息和货币通论》。这本书带来的新曙光引起了英国和美国人的广泛关注。广大学生为之激动，一股盼望已久的热烈浪潮席卷了整个经济学界。当《就业、利息和货币通论》最终问世时，哈佛学生早已焦急地等待着新书的上架。

七

社会分析首次出现在《和约的经济后果》中，而有关投资机会减少和储蓄习惯仍然维持的经济过程分析，理论上贯穿《就业、利息和货币通论》始终，并通过三个概念——消费函数、资本效率函数和流动性偏好函数，在理论上加以补充。这些概念和假定的工资数额及同样假定的货币数量一起决定收入，实际上是决定就业（如果后者是由前者所单独决定的话），即需要"解释"的重要的因变量。这无异于用贫乏的材料做出绝好的调味品，这是多么一流的厨师呀[1]！让我们看看他是怎样做的。

（1）使模型简单化的第一个条件，当然是使它所要完成的分析简单化。对于分析的简单化，部分靠创造，部分则是愿意为各种不得不从陈述中省略掉的因素付出代价。但如果我们把自己放在凯恩斯的正统立场上去，并愿意接受他对于当代经济过程的见解，具有能透过混乱的表层现象看到下面存在的简单要素的天才禀赋，那么对于产生其结论的他的总量分析，就极少有反对的意见了。

因为所选用的变量集合，除了就业之外，都是货币数量或货币表现，所以我们也可以说该分析是货币分析。另外，因为国民收入是主要变量，所以又可以说该分析是收入分析。我认为，理查德·坎提农是第一个针对综合分析、货币分析和收入分析提出成熟设计的人。这一分析也就是魁奈在他的《经济表》中所苦心完成的那个图式。魁奈是凯恩斯的先行者，并且有趣的是，他关于储蓄的意见和凯恩斯完全一致。关于这一点，读者看一看《箴言集》就能够很容易地弄清楚了。但是我们还应当补充说明的是，《就业、利

1　把凯恩斯的成就减至只剩下逻辑结构的基本内容，然后对其评头论足，的确有些不公平。然而，把他的理论体系转化为确切形式的尝试引起了人们极大的兴趣。此外，笔者尤其要提到以下内容：雷德韦于1936年发表在《经济记录》上的观点、哈罗德的《凯恩斯与传统理论》、米德的《凯恩斯体系的一个简化模型》、希克斯的《凯恩斯与古典学派》、兰格的《利息率和最佳消费偏好》、萨缪尔森的《均衡的稳定性》（利用动态方程）、史密斯的《过程分析与均衡分析》（也是对凯恩斯主义概要的动态分析）。在各位作者的笔下，对凯恩斯经济学的赞同很少，甚至有些是尖锐的批评。1944年1月，《计量经济学》刊登的莫德格列尼的《流动性偏好和货币利息理论》尤其如此。

息和货币通论》中的总量分析在现代文献中并不是独立的，它是一个迅速成长的家族的成员[1]。

（2）凯恩斯进一步简化了他的理论结构，尽可能避免了分析过程中产生的各种复杂情况。如果使用雷格纳·弗里希创造出来的名词的话，凯恩斯体系的确切结构属于宏观静态学，而不属于宏观动态学。这一局限性部分应归因于那些讲授他的理论的人，而非理论本身，因为它包括了几个动态部分，尤其是在预期方面。但他讨厌"时期"一词，把注意力集中到对静态均衡的考虑上也是事实。这排除了一个取得成功的主要障碍——到现在为止一直像美杜莎的脸一样影响着经济学家的差分方程式。

（3）凯恩斯把他的模型局限于短期现象的范围之内。在人们共同强调第（1）点和第（2）点的同时，似乎没有充分认识到他的模型在短期上的要求是多么严格，以及这一事实对于《就业、利息和货币通论》的整体结构和所有结论是如何重要。关键性的限制条件是，不仅生产函数与生产方法不允许变化，而且厂房与设备的数量与质量也是如此。关于这一限制，凯恩斯在论证的关键点总是不厌其烦地向读者说明（参阅《就业、利息和货币通论》第114页和第295页）[2]。

模型中也允许了一些在其他情况下不被采纳的简化。例如，它允许把就业看成大致和收入（产量）成比例，后者一旦决定了，前者也就被决定了。但它把这一分析的应用限制在充其量只有几年的范围之内——也就是"40个月的循环"的期间——并且，就现象来说，限制在如果工业机器维持不变的话，能够决定其利用率高低的那些因素上。在这些设备上，所有现象都在按预期发生和变化。也就是说，支配资本主义过程的一切现象，就不在考虑范围之内了。

作为现实的写照，在萧条时期这一模型最正确，那时的流动性偏好在它

1　了解《就业、利息和货币通论》出版之前综合分析进展的最快捷的方式是阅读延伯根的调查报告，载于《计量经济学》，1935年7月号。

2　严格地讲，必须承认机器设备数量上的变化，但在既定的时点上，这种变化可视为很小，从而可以忽略其对现存工业结构和产业的影响。

的权限范围之内也最接近于一个有效力的因素。因此，希克斯教授把凯恩斯的经济学叫作萧条的经济学不无道理。但凯恩斯认为，他的模型得益于现实中的萧条。尽管存在用短期模型去分析本质上属于长期现象的问题，但从某种程度上说，他由于（几乎）完全在论证一个静态的过程，或者无论如何也是在论证一个停止在（或波动于）静态的充分就业均衡是它的最高限度的过程，从而在某种程度上有权利这样做。在马克思看来，资本主义发展的结果是崩溃。在穆勒看来，资本主义将发展到一种毫无波动的静止状态。在凯恩斯看来，它发展的结果是有着经常崩溃危险的一种静态情况。虽然凯恩斯的"崩溃说"和马克思的很不相同，但它与后者有一个重要的共同特点：在两种理论中，衰退都是由与经济运行有关的原因引起的，而不是外部力量影响的结果。这一特点很自然地使凯恩斯的理论成为了违反资本家意志的"辩护者"的角色。

（4）凯恩斯非常注意不超出直接决定收入（和就业）的直接因素的范围。他自己很坦率地承认，这些有时可以看作"最后的自变量"的直接决定因素，但"还可以对它们做进一步的分析，不是我们的最后的独立要素"（第247页）。这段话看上去仅仅是建议经济变量从组成部分的"原子"中获得各自的含义，但实际上不止如此。当然，我们能够大大简化我们的现实世界，并得到极其简单的主张，如果我们满足于下面这种形式的论证的话："假定了A、B、C……那么D将取决于E。如果A、B、C是我们研究领域以外的东西，那就没有更多可说的了。但是如果它们是要解释的现象的一部分，那么由此而来的关于什么决定什么的命题，可以很容易地成为不可否认的命题，并取得新的效果，可是没有很多的意义。"这就是列昂惕夫教授称为含蓄的理论化的论述。但对于凯恩斯，这一类型的论证只不过是用来强调的手段[1]，正像对李嘉图一样：它们被挑选出来强调一种特殊关系。李嘉图并没有说"在如我所理解的现在英国的条件之下，考虑各种因素，食物和原料方

1　凯恩斯与李嘉图理论上的相似性值得注意。他们的推理方法极其相似，是凯恩斯对马尔萨斯的反储蓄观点的崇尚和对李嘉图交易的抵触，使这一事实变得不明显了。

面的自由交易将有助于提高利润率"，或是说"利润率取决于小麦的价格"。

（5）对于为数不多的在凯恩斯看来既重要又不足以作为《就业、利息和货币通论》主旨的观点，我们会发现，除了刚刚提到的方法之外，还有其他的方法。其中两种已经提到过。另外一种是批评家常常称其"言过其实"，并且这种言过其实不能成为可做辩护的东西，因为结论完全建立在这种夸张的说法之上。人们不仅要记住，在凯恩斯的立场上看，这些言过其实只不过是对非主要的观点进行抽象的手段，还必须记住，它们产生瑕疵的责任在于我们，因为除非我们对观点时常进行推敲，否则不会轻易听取忠告。为了便于讨论，假定问题中的观点实际上都很重要并值得推敲，记住夸大其词的话不会出现在《就业、利息和货币通论》中，只出现在凯恩斯的一些追随者的作品中，我将赞誉我描述为调味品的这种方法。

三个例子足以说明问题。第一，每位经济学家都应知道货币工资率的任何充分的一般变动会在同一方向影响物价；如果他不知道，他也可以从与商人的交谈中了解到这一点。然而，在工资理论中谈论这一点不是经济学家们的事。第二，每位经济学家应当知道杜格—斯密—J.S.穆勒的关于储蓄和投资机构的理论是不恰当的，特别是储蓄和投资的决定过于密切地联系在了一起。可是，如果凯恩斯对于它们的真正关系提出了一种恰如其分的描述，他就会向我们做出回答，而不是对结果含糊其词："的确……是这样……在特定的循环状态下很重要……究竟什么是重要的呢？"第三，任何一位读者查阅《就业、利息和货币通论》的第165页和第166页，即第13章的前两页，会发现什么呢？读者会发现，利息率使投资对于储蓄的需求和由时间偏好（我把它叫作消费倾向）与所支配的储蓄的供给均等这一理论"崩溃"了，因为"只知道这两个因素不可能推论出利息率"。为什么不可能呢？因为决定储蓄并不一定意味着决定投资。我们还必须考虑后者不跟随前者，或不立刻跟随前者的可能性。我会考虑另一种可能性，即如果凯恩斯的分析脱离以上任何一点，那么对于现行学说要旨的极其合理的发展是不会深深打动我们的。为了打动我们，处于显著地位的必须是流动性偏好——和仅仅作为与货币脱离的报酬的利息（他在自己的文章中不可能如此表述），将其以众所周知的顺序排列出来。我们为了某一目的而警觉起来。因为与35年以前相比，现在我们当中会有更多的人相信利息是一种纯粹货币现象这种主张。

但在这本书里有一个词不能根据这些说法而予以辩护，即"一般"。这些强调的方法除了能说明几个特殊事例之外，再无用武之地。凯恩斯学派的拥护者可能认为这些特殊情况是当代的实际情况，可是除此之外，他们别无建树[1]。

正如无视从不完全竞争中获得的帮助一样，凯恩斯希望不借助刚性成分就能得出结论[2]，这似乎是很明显的。然而，对某些观点的论述，他不能够这样做，特别是在下降的方向中利息率必须成为固定的这一点上，因为在这一点上流动性偏好对货币的需求弹性是无限大的。在其他点上，当正在使用的方法不能令人信服时，他也随时准备借助刚性。当然，人们总是能够表明，如果经济制度的适应性机构瘫痪了，它就会停止运行。与其他理论家一样，凯恩斯主义者也希望这种情况不会发生。虽然如此，但它不是没有重要性的。典型的例子是均衡下的就业不足[3]。

（6）最后，还必须谈到凯恩斯在创造自己的分析工具方面的杰出成就。例如，看看他如何巧妙地运用康恩的乘数，或者如何巧妙地创造性使用成本的概念，这一概念在定义他的收入概念方面帮助极大，可以算是具有一定重要意义的新的创造。在诸如此类的及其他方面的概念性安排中，我最佩服的是它们的度：它们就像做得很好的上衣正适合顾客的身材那样适合他的目

1　这一论述首先由兰格提出。书中提到，他只信奉唯一一本真正的通论——瓦尔拉斯的通论。他巧妙地指出，后者是作为一个特例来说明《就业、利息和货币通论》的。

2　然而不完全竞争被哈罗德采纳了。

3　我有时想知道，为什么凯恩斯把重点放在证明有可能在完全竞争的完全均衡条件下出现的不充分就业。由于无论何时我们都能看到，有足够的可以证实的理由去说明现实的失业，所以只有理论家的雄心才能鼓励我们期望更多的解释因素。在完全竞争条件下的完全均衡状态出现非自愿失业的问题，是一种即使连被凯恩斯称为"古典经济学家"的稻草人（容易击败的假想对象）也不会信以为真的状态，这无疑会在理论上引起巨大的反响。但实际上，凯恩斯应该曾遇到在长期的非均衡状态下存在的失业问题。实际情况是，他没能清楚地证明他的例子，但是工资在下降过程中的刚性会助他一臂之力。理论问题本身是讨论的主题，参加讨论者在区分涉及的不同理论观点时遭到了失败，我们也就不深入讨论这一问题了。

的。当然，正因为这一点，若不考虑凯恩斯的特定目的，这些概念只发挥了有限的用途。用水果刀削梨皮是最好的选择，而用水果刀切牛肉的人，得不到满意的结果只能怪他自己。

<h1 style="text-align:center">八</h1>

《就业、利息和货币通论》问世后，立刻获得了成功，而且正如我们所知，这一成功是持久的。不利的评论当然很多，但它们也从另一个方面推动了它的成功。凯恩斯学派自发形成了，它不是一些经济史学家所谓的法国学派、德国学派或意大利学派那样广义的学派，而是一个真正的属于社会实体的学派，即一个声称忠实于"一个领袖、一种教义"，有着自己的内部圈

经济危机导致工厂倒闭。1929年美国爆发经济危机，出现大量存货堆积如山、工厂倒闭、商店关门的凄凉景象。全国金融界陷入窒息状态，千百万美国人多年的辛苦积蓄付诸东流。

子，拥有自己的宣传人员和口号，拥有自己或秘密或公开的交易的社会团体。这还不是全部。在正统凯恩斯主义的范围之外，还有广阔的外围的支持者；在支持者之外，又有一批以各种方式自愿或勉强吸收凯恩斯分析的一些精神或个别论点的追随者。在整个经济学史上只有两种类似的情况——重农主义者和马克思主义者。

　　赢得来自朋友和敌人的认可，尤其是从在自己的课上聆听并接受生动影响的教师那儿得到认可，对《就业、利息和货币通论》来说，是一个巨大的成就。不幸的是，除非冷冰冰的分析从分析家真实或假定的政治暗示那里取得了本来不属于它的温度，否则在经济学界，如此热情的支持和强烈的反对绝不会迅速燃起。因此，让我们来领略一下这本书的思想体系。从某种意义上讲，大多数正统的凯恩斯主义者都是"激进论者"。但不管怎么说，凯恩斯本人并非如此。那么在他的书里有哪些东西激励了他的追随者，使他们变得激进呢？莱特教授在《美国经济评论》上发表的一篇杰出论文中清楚地说："一个保守党候选人只要大量引用《就业、利息和货币通论》的言论，就能引起一场政治运动。"[1]确实如此，但只有当该候选人知道如何使用《就业、利息和货币通论》的插入语和限制条件时，才会如此。毫无疑问，凯恩斯是一位能干的倡导者，他从来不否认显而易见的事实。在某种程度上，可能只是在很小的程度上，凯恩斯的成功正是基于下面的事实：即使他大胆地向前冲锋，也从来不让他的侧翼处有机可乘——对他的政策或理论提出批评的人往往在吃了亏以后才发现这一点[2]。凯恩斯主义者不去看保留条件，只考虑一件事

　　1　参见赖特的《凯恩斯经济学的未来》，见《美国经济评论》第35卷第3册，第287页。尽管在观点上有些不同，但赖特有益地补充了许多自己的观点，进入空间因素不允许的领域。

　　2　这就是我们在凯恩斯的著作中经常看到措辞留有很大变动余地的原因，如"凯恩斯未明确地这样说过"或"凯恩斯没有明确地否定"。纵观《就业、利息和货币通论》，大多数含糊的说法出现在第18章和第19章，但其实含蓄的提法随处可见。在《就业、利息和货币通论》中，古典体系的逻辑并未真正受到指责。即使是萨伊定律也没有完全被抛弃，甚至为彻底否认趋于平衡储蓄和投资决策的机制的存在及在此机制中利率的作用，货币工资的下降刺激产出的可能性等也未被彻底否定。当然，只有在很特殊的情况下，第一点的效力和另外两者的存在才会偶尔被认可。因此，批评家们一致处于被判为做"粗糙不实报道"的危险之中，就像针对马尔萨斯的第一篇文章的粗心的批评家，不可避免地在第2版中遇到一系列引用一样——在那里面，其实马尔萨斯对解释马尔萨斯主义有着相当的贡献，但本文不可能深入探讨此问题。在引述的文章中，赖特教授提供了许多有教益的例子。

情——对于节约的谴责及这一谴责在管理经济和收入不平等方面所具有的含义。

为了了解这意味着什么，我们有必要回顾一下这样的事实：作为长期理论发展的结果，储蓄已经逐渐被认为是资产阶级理论的最后支柱。实际上，亚当·斯密除这一点以外已经把其他方面论述得差不多了。如果我们仔细地分析他的理论，仅就观念形态方面而言，它基本上是在劈头盖脸地斥责"懒惰的"地主和贪婪的商人或"雇主"，再加上对极度吝啬的颂扬。而这在凯恩斯以前始终是大多数非马克思主义经济观念形态的主旨。马歇尔和庇古都在这个范围内。他们（特别是后者）认为不平等，或现有程度的不平等理所当然是令人讨厌的。但他们没有对此进行研究就停滞不前了。

许多在20世纪二三十年代涉猎教学或研究领域的人，已经放弃了对资本主义生活方式和价值观的忠诚。其中许多人嗤笑利润动机和资本主义过程中的个人成就因素。但只要他们没有全部接受纯粹的社会主义，就必须重视储蓄——在他们看来，这是在遭受失去受人尊敬的社会地位，并且与凯恩斯所谓的经济学家的"下流社会"为伍的惩罚。凯恩斯打碎了他们的枷锁，进而出现了理论的学说，这个学说不仅消灭了个人因素，是可以机械化的（如果它本身不是机械化的话），而且最终将支柱分析打得粉碎。这个学说实际上没有被精确地指明，但可以用它解释以下两句话："打算储蓄的人会损毁实际资本"；而且通过储蓄，"收入的不平等分配是失业的最后原因"[1]。这一点就是凯恩斯主义革命的实质。这里明确一下，只有这一点，解释了并在某种程度上辩护了凯恩斯对于马歇尔态度的改变。这一改变不是从任何科学根据上可以理解的、无可非议的。

虽然吸引人的包装使凯恩斯对科学经济学所做的献礼让许多人能够接受，可是不能把注意力从礼物本身上引开。在《就业、利息和货币通论》问世之前，经济学发展变得日益复杂，越来越不能对简单的问题给予简单的回答。而《就业、利息和货币通论》似乎把问题简单化了，使得经济学家又能

---

1 毕竟，任何人看到《就业、利息和货币通论》第372~373页和第376页时都会确信，凯恩斯实际上离认可这两种说法已非常接近了。一个人为了说明自己实际上没有那么做，就必须像赖特教授那样小心谨慎。

修建桥梁、大坝等公共项目。面对经济大萧条，美国政府修建桥梁、大坝等公共项目，减缓社会危机，增加就业，刺激消费和生产。1933年罗斯福实行新政，以凯恩斯主义为指导思想，采取了一系列挽救措施，比如整顿银行与金融体系、调整工业和农业发展政策、大力兴建公共工程、建立社会保障体系。

提供每个人都能理解的简单建议。如同李嘉图的经济学一样，它具有足以吸引甚至鼓舞饱经世故者的内容。事实证明，与幼稚的思想观念联系很紧密的这一体系，能令正在崛起的经济学家满意。他们中的有些人曾经认为（也许现在仍然认为）"理论"方面的一切其他作品都应当报废。他们尊崇的人是提供给他们定义明确的模型去处理、去批判、去改进的人——是那些其作品以他们所希望见到的形式表达出来的人。

甚至那些以前就确定了自己的方向，并且在他们成长年代里没有受到《就业、利息和货币通论》冲击的人，也感觉到了一种像微风一样的有益健康的影响。一位著名的美国经济学家在给我的一封信里写道："它（《就业、利息和货币通论》）无论过去还是现在都有补充我们的思想和分析方法的一些东西。它不会使我们成为凯恩斯主义者，只会使我们成为更好的经济学家。"无论我们同意与否，这句话相当准确地概括了凯恩斯成就的实质。特别是，它说明了为什么具有敌意的批评，尽管在攻击个别假定和命题时是成功的，可是仍然丝毫不能给予整个结构以致命的打击。尽管人们可以认为他对社会的看法是错误的，他的每一个主张都会令人误解，但仍然可以推崇凯恩斯，就像对待马克思那样。

我不想把《就业、利息和货币通论》当作学生的试卷来给它评定等级。而且我不认为可以给经济学家评定等级——那些著名的、与众不同的、无与伦比的人太不相同，以至于不能相互比较。不管其学说的命运如何，人们对这个人的记忆是永存的，会比凯恩斯主义及人们对它的褒贬更"长寿"。

到这里本章就要结束了。每个人都知道这位英勇战士为他的最后一部巨著[1]所进行的伟大战斗。众所周知，凯恩斯在第二次世界大战期间又一次进入财政部（1940年），在那里，他的影响力随着丘吉尔影响力的增强而增强，直到无人能与之匹敌。每个人都知道他曾经给予上议院的荣誉，当然也知道凯恩斯计划、布雷顿森林体系和英国贷款。诸如此类的事情将由掌握一切资料的有学识的传记家来记述了。

1　《就业、利息和货币通论》是凯恩斯的最后一部巨著。除此之外，直到他逝世，他仅写过一些篇幅较短的作品。

附录

附录A
乔治·弗雷德里克·克纳普

（1842—1926）

 1926年2月20日，德国第三政治经济学时代的杰出人物之一克纳普教授永远地离开了德国科学界——第一时代是"理财学"时代，它的最出名的人物是赛肯道夫和朱斯提；第二时代和英国的古典时期相同，登峰造极于屠能和赫尔曼的作品，他们是"社会政治学"和"历史方法"的优秀代表人物。乔治·弗雷德里克·克纳普在许多方面和施穆勒、瓦格纳、布赫、布伦坦诺都不相同，但他们将永远与第三时代的一切优点和一些缺点联系在一起。

 对于克纳普平淡无奇的一生，不需要进行长篇累牍的记述。1842年3月7日，他出生于吉森，其父是一位教授，也是一本极其成功的工艺学教科书的著者。克纳普分别在慕尼黑、柏林和哥根廷学习，努力成为一位统计学家。他在数学方面的造诣是非常出众的。1867年，他担任了莱比锡市政府统计局局长。在接下来的几年中，他有效地管理着统计局，得到了应有的赞誉，同时，在他领导下的统计局刊物所取得的卓越成就也证明他值得被称赞。1869年，他成为莱比锡大学的"特殊"教授——一个与"副教授"不完全相等的名称。1874年，他被调到斯特拉斯堡并晋升为正教授。他在这里一直工作到退休（实际上时间可能还长些），一直到1919年当他必须离开这个已经成为法国领土的地方的时候。

无论做什么事情，他都全神贯注、不屈不挠且坚定不移。因此，追溯他生平工作的概况，比在通常情况下对于具有像他一样丰富思想力的人进行这一任务时要容易得多。一直到1874年，他只是一位统计学家，如果我们暂且忽略他的两篇不重要的论文——关于屠能的博士论文和关于赋税问题的论文。除了在这个领域的实践之外，他还写了很多关于这个课题的理论文章，即便现在也值得仔细研究。只是他在其他方面的成就，使得我们无法想到他的显耀的地位——如果不是一流的话，起码也接近于一流。

德国柏林一家银行存储的大量资金。德国在第一次世界大战中战败，战后，资本家纷纷携金银细软逃出国，国内经济日益萧条，通胀率居高不下。

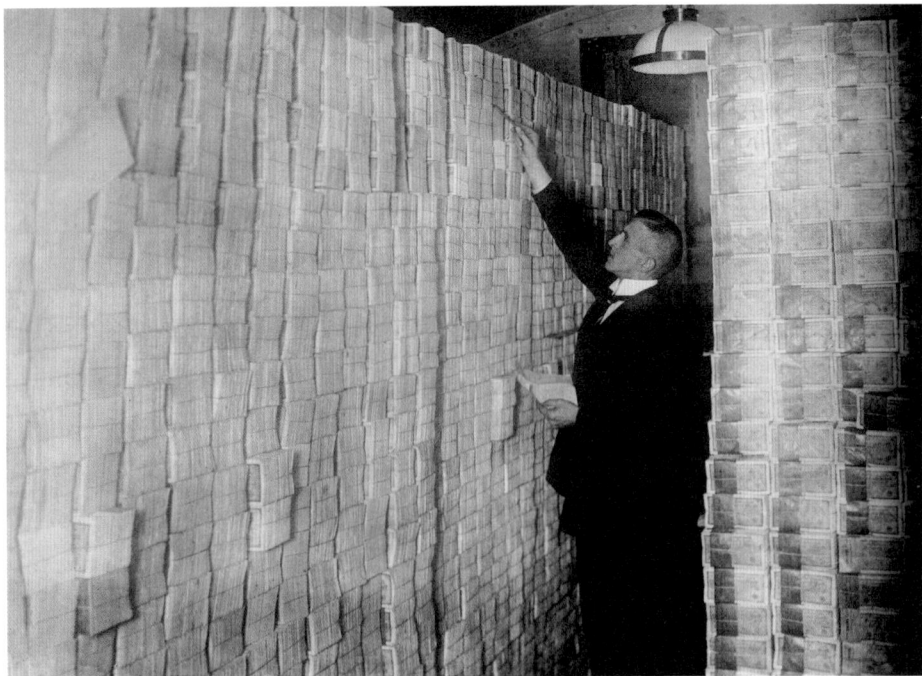

作为一位研究经济生活的历史学家，同时作为一位"制度"情况的经济学家，他的确是伟大的。他在1887年根据普鲁士旧版图下的农民解放和农村劳动者起源所发表的著作，是关于这一问题的标准作品。这些书有助于塑造许多追随者的思想，几乎创立了科学领域中一个特殊的分支，其理由并不在于运用了何种新的历史方法，也不在于掌握了什么解决特殊问题的材料。在这些方面，克纳普比不上迈岑或汉森这样一些人，但他拥有更高尚、更罕见的品质，这是其他人所不能比拟的。他有清晰的（我更愿意说是热情的）卓见，能穿过表面直达事物的核心。他认识到历史的过程和问题，他对于它们的掌握比大多数人对于周围事物的掌握更为牢固。他把历史分析建立在对于当代事实全面了解的基础之上。像他在1891年发表的《农奴制下与自由制下的土地劳动者》和《土地所有权和骑士采邑》这样一些短论，只有一部分是源于历史的，另一部分则源于对德国地主及佃农的研究——他们的思想、生活方式至今仍适用。我所努力说明的这种才能和他成为历史学家大有关系，但对于不追寻浪漫和传奇，而只探索历史问题的他来说，这就是一切。

像农民通过农作物轮作来保持土地的肥力一样，克纳普在1896年左右搁置了这一工作，开始研究另一类完全不同的问题。在某些方面，那时的他已取得了巨大成功。在皇家经济学会的赞助下，他于1895年出版了《国家货币理论》。毫无疑问，这本书把他推高到享有国际声誉的地位。许多门人聚集在它的周围，推崇者和反对者对这一成功做出了同等的贡献，反对者通过愤怒抨击所做出的贡献不亚于推崇者的褒奖。而且，这本书有值得推崇之处——伟大的概念、独立的手法、鲜明的风格，人们不可能否认它在处理经济理论的根本问题时陷入错误的观点，它对德国货币科学的负面影响也是不容忽视的。它同时告诉人们：无论他的经济学理论有什么缺点，都不能被无端嘲讽。因此，这样看来，这本书再次显示了这位伟人的力量：他确信有许多东西难以证实，许多人却被这些无法证实的东西所深深吸引。

附录B
弗雷德里克·方·维塞尔

（1851—1926）

　　奥地利学派三位奠基人中的最后一位——维塞尔刚刚过完75岁生日后不到两个星期，便于1926年7月23日去世了。去世前，他的身体依旧充满活力。

　　弗雷德里克·方·维塞尔男爵生于1851年7月10日，是枢密顾问利欧波尔得·方·维塞尔男爵的儿子。维塞尔在维也纳求学，并在1872年获得了学位。之前，他喜欢学习的是历史方面的东西，但是在1872年他无意中发现了门格尔的《国民经济学原理》，通过对它的钻研，维塞尔的兴趣转向经济学理论。随后，他在海德堡、耶拿和莱比锡等大学学习，在1883年成为维也纳大学的"不领薪俸的教师"之前曾在行政部门工作。1884年，维塞尔在布拉格大学任职，1903年又返回维也纳接替卡尔·门格尔，最终进入了经济学的广阔领域，成绩卓著。在1917年，他以终身议员的资格进入了上议院，并在同年作为商业部长加入了内阁。辞职后，维塞尔重返原职，继续从事科研工作。

　　要使那些不了解他的人对他留下恰如其分的印象是不容易的，因为他的魅力折服了许多人。儒雅的外表、非同寻常的魅力、威严、一丝不苟的处世风格，以及艺术家的风范和渊博的知识，使他的一言一行都挥洒自如、游刃有余——然而即使这样还不足以形容他。也许我唯一能做的便是进行如下描述：当我们庆祝他的七十岁寿辰时，包括我在内的三个祝词人，都不约而同地把他和歌德相比。他总是活跃的，但又很沉稳；他对每件事情都有兴趣，但不被任何事情所扰乱，他既是一位杰出的美术鉴赏家，又是一位勤勉不辍的艺术赞助商。在他的内心深处具有某种魔力，任何公共的或私人的不幸似乎都无法打动它。荣耀与成功自然而然地来到他面前，降临在他身上，这似乎是与生俱来的，无须费力，然而，这一切对他来说都是过眼云烟。他从来不为任何事情而战，也不向任何人宣战，似乎在他面前，每一个困难都自动为他让开道路了。衰老对别人而言是摧毁者，但对他来说就好像只是创作油画时的最后几笔：力求尽善尽美，总能给人以美的享受。

在有限的篇幅内给他的科研工作的特征下一个定义依然很困难，特别是对英文读者来说，因为他完全不是按英语的方式来表达自己的观点。连善于笔译和口译的斯马特教授对他的部分作品所做的翻译和解释，也不能让英美公众对他的真正重要观点产生深刻的印象。他的技术是不完善的，他是思想清楚但写作并不简明的少数人物之一。到现在为止，所发表的纪念他的最好书评，是哈耶克在1926年《国民经济和统计年鉴》上所发表的那篇附录，包括他的全部作品清单，总共62种。我们应该努力用简明的语言来说明他的思想的总体方向。

他首先是一位理论家。门格尔对他所起到的作用，与其说给予他一种观念，不如说推动他发展自己的观念。很少有人像他那样对价值理论的基本问题进行如此深刻的思考，也很少有人像他那样对经济学的基础具有清晰的卓见。在精力处于鼎盛状态的时期里，他致力于创立自己的观点和方法，这些观点和方法收录在他的《自然价值论》（1889年）里。他在1884年发表的《经济价值的起源和基本法则》是《自然价值论》的前身。在《自然价值论》中，他第一次阐述了自己的"边际效用"理论，用"间接效用"解释的生产成本理论（这一理论曾被潘塔里昂尼称作维塞尔法则）和他的"转嫁理论"。这一切都是众所周知的。但我在这里所要强调的不是他的任何一个工具或理论的重要意义，而是他从整体来构想生活的丰富成果和伟大之处，这些成绩的取得来源于对共产主义社会经济的分析。从那时起，他在价格均衡理论方面也取得了很大进展。如果我没有弄错的话，近年来突然出现的问题迫使我们去重温他的那些基本思想，虽然在许多人看来，它们已经过时了。

他在发表《自然价值论》之后，将这一思想线索搁置了约20年。在1909年，他再一次回到这个问题上来，并于1914年在《社会经济基础》这部百科全书里发表了《社会经济学理论》。这是他关于纯粹理论最后和最成熟的论述。由于战争的缘故，我们直到现在才感受到它深刻的影响力。

与瓦尔拉斯和其他人类似，他同时转向货币理论，慢慢从自己的角度建立起永远会与这一领域中最杰出的成就并列的理论，而且没有参考其他人的成果。他关于这一问题的第一次发言，是1903年在被选择接替门格尔教授席位之后所做的就职演说。他的最后一篇文章，即《政治学辞典》中关于货币的那篇论文，是在他逝世前不久完成的。他用研究货币购买力的历史变化的方法对这一问题进行了研究，并企图像他的价值理论为成本法则建立基础那样，为数量理论建立同样的基础。真正理解货币理论的人是不太多的，但值得庆幸的是，他们在很多方面都愉快地达成共识，其不同点与审美标准和技巧方面的不同点相比，是微乎其微的。因此，维塞尔研究道路的很大一部分必然与其他人的道路是平行的，并非交叉的。一些论点，后来被魏斯和米塞斯等人发展完善，但依我看来，维塞尔似乎比任何人钻研得更为深入。

他在晚年的工作主要集中在社会学研究方面。从某种意义上说，社会学可以被定义为历史的分析，或者用他自创的词汇来说，是"没有名字的历史"。历史的社会学，或社会学的历史，是他最初的兴趣所在，也是他生命中最后的兴趣所在。在把若干年的精力用于钻研它之后，在74岁时他发表了《论权力法则》的伟大社会学著作——这样一来，他完成了在学生时代就立下的宏图大志，并收获了他在这一领域中的思想成果。

因此，他的一生可谓诚实正直，品行端正，没有污点，没有什么歪曲

的或迷失方向的东西。他生命中的每个因素都构成了一个和谐整体的一部分，它慢慢地发展，茁壮地成长，达到了惊人的高度和广度。

法国凡尔登是第一次世界大战时遗留的战壕。第一次世界大战历时4年多，先后有30多个国家和15亿人口卷入战争。整个战争伤亡3000多万人，消耗了巨大的社会财富，直接经济损失3000多亿美元。

附录C
拉地斯劳斯·方·鲍尔特凯维兹

（1868—1931）

拉地斯劳斯·方·鲍尔特凯维兹是德国的一位优秀统计学家。鲍尔特凯维兹不是德国人的后裔，他是与波兰的俄国统治者交好的波兰家族之一的子孙。他出生并成长于圣彼得堡，并且在那里上了大学，后来有一个时期还在此地教书。由于他长期在德国居住并在当地建立了关系网，1895年他成为斯特拉斯堡大学不领薪俸的教师，从而使他有机会在1901年被委派为柏林大学的"特殊"教授。不同寻常的一点是，这位卓有成就的人从来没有被考虑成为任何一个大教授席位的候选人，不管是柏林大学还是其他大学。一直到了1920年，根据一项促使全体教师"大众化"的措施，所有编外教授都成为正教授时，他才取得这一席位，但他仍然是完全孤立的。

关于这一点有几个理由可以佐证。他是一个外国人。虽然他不是一个笨拙的演说家和作者，但也不是一位善于讲课的教师。据说，他授课时，没有多少学生去听，因为他把自己的理论掺杂了进去。他近乎苛刻的敏锐使人敬畏，使人很难喜欢上他。有资格向教育部推荐他的那些同事，都不能理解他的做法。但他似乎并不在意，他淡泊自安，享受着每个人给予他的尊重和安宁的科研生活。但这种生活在出人意料的死亡来临时戛然而止，缩短了他的科学生命。当时，他本该处于精力充沛、体力旺盛的时期。他的所有出版物（就目前我所能看到的而言）已由奥斯卡·安德森教授完成汇总并出版，请读者参阅。

他是一位天生的评论家，虽然幸运女神并不经常垂青于他。即使是他的创造性著作也采取批评的形式，批评已成为他的生命。这一批评的能力，或者应当说批评的热情，在他作为经济学家的作品中表现得尤为突出，其中他对许多例证上的微小的细节也不放过。在经济学方面，他不是一位创造者。我认为，如果他没有拒绝全方位地运用数学工具，他的成就会比现在更伟大；并且在他的鼎盛时期，他所掌握的数学工具本来可以使他与埃奇沃思或巴罗内等人齐名。然而他在一个几乎没有人肯听人讲经济理论的国家和时代里，高举经济理论这面大旗，他信仰并教授马歇尔的信条，利用自己手中的利器，解决了许多有争议的问题。他的最重要的成就是他对马克思体系理论结构的分析（《社会科学文库》，第28卷和第29卷，以及《康拉德年鉴》，1907年），可以说，这是关于这一问题及附带的关于它的其他批评者的最好的作品。另外一篇可以与之媲美的杰作是他关于洛贝尔图斯和马克思的地租理论的论文（《社会主义历史文库》，第7卷）。在瓦尔拉斯、帕累托和庞巴维克的一些作品中，很多地方都存在一些细小的可以忽略的疏漏，丝毫不影响其基本观点的准确性，但即使这样，这位严厉的批评家也不轻易放弃这些疏漏。作为一位货币理论和政策的著者，他的地位在当时是很高的。他对金本位制、银行信用和流通速度等问题所做出的贡献难以估量。然而，他在这一领域中最好的作品是他关于指数的著作（《挪威统计杂志》，1924年），即一篇关于欧文·费雪著作杰出的解释，在论证问题上它是一种创造性贡献。

在统计方法领域里，他在当时取得"最勇敢者的奖赏"的殊荣是当之无愧的。作为"小数法则"的发现者（1898年）和累克西斯学派的领袖，他获得了足以使他流芳百世的世界性荣誉。他唯一出版的书是关于概率的，这

　　东普鲁士的德国军队的波兰步兵在平地上从各个步枪坑射击。德国经过王朝战争,完成了国家统一，统一的国内市场和稳定的政治局面，有利于经济发展。普法战争中德国得到了法国的赔款，为经济发展提供了资金，还有来自法国的阿尔萨斯和洛林的煤炭、铁矿、棉花和木料等,为工业发展提供了丰富的资源。

是一项了不起的工作——甚至当我们不带有任何偏好去读隐含于其中的概率的基本概念时。出版这本书时，他有很多担心，唯恐这本书的创造性达不到他预期的高标准。在一本经济杂志里，要列出鲍尔特凯维兹关于统计理论著作的清单，是不可能也不合适的。列举几部具有特殊重要性的作品就足以反映这位经济学家在这方面的历史地位了。在寻求解决不平等收入的测量方法上，没有人比他做的工作更多了（国际统计局第十九次大会），他的努力也取得了可喜的成果，以至于我们现在大多数人阅读以下著作时都感到深受教诲并且会感到心情愉悦：关于经验曲线求积分的论文（《斯堪的那维亚保险统计师杂志》，1926年）；关于统计的共同性和稳定性的论文（同前刊物，1918年）；关于根据戈森定律[1]所设定变量的论文（《挪威统计杂志》，1922

---

1 戈森定律是以德国经济学家戈森命名的边际效用价值定律，其内容就是欲望与享受的相互关系及变化规律。它是现代"效用论"的基础。——译者注

年）；关于一切误差法则的共性的论文（《柏林数学会会议记录》，1923年）；关于偶然事件的时序的论文（《国际统计局公报》，1911年）；还有关于死亡率或保险的任何一篇论文，其中有的篇章堪称这一领域的经典。

为了对他的思想领域的范围有所了解，我们必须指出的是，他在其他方面的丰富才能远远超出了作为一个经济学家的才能，那就是《作为概率理论研究对象的放射性光线》，于1913年在柏林出版。在翻阅这本小册子时，我们似乎能看出这位经济学家的思想的轮廓，并且会开始怀疑，我们是否可以仅仅根据他所发表的东西来衡量他的能力。